市场营销与策划技巧研究

李 静 著

中国原子能出版社

图书在版编目(CIP)数据

市场营销与策划技巧研究 / 李静著. —北京:中国原子能出版社,2020.8 (2021.9 重印)

ISBN 978－7－5221－0755－4

Ⅰ.①市… Ⅱ.①李… Ⅲ.①市场营销—营销策划—研究 Ⅳ.①F713.50

中国版本图书馆 CIP 数据核字(2020)第 151869 号

市场营销与策划技巧研究

出版发行	中国原子能出版社(北京市海淀区阜成路 43 号 100048)
责任编辑	胡晓彤
装帧设计	刘慧敏
责任校对	刘慧敏
责任印刷	肖会娟
印　　刷	三河市明华印务有限公司
经　　销	全国新华书店
开　　本	787 mm×1092 mm　1/16
印　　张	12.5
字　　数	220 千字
版　　次	2020 年 8 月第 1 版　2021 年 9 月第 2 次印刷
书　　号	ISBN 978－7－5221－0755－4　**定　价** 68.00 元

网址:http://www.aep.com.cn　E-mail:atomep123@126.com

发行电话:010－68452845

前　言　PREFACE

随着市场环境与消费者消费习惯的改变，使企业之间竞争变得更加激烈，企业如果自己不改变，不加强在消费者心中分量，迟早会被市场所淘汰，被消费者所遗忘。目前来说解决企业困境，就需要针对企业做品牌营销策划，建立企业品牌，形成自己的特色，拉近与消费者之间的距离，提高消费者对企业品牌的印象，对于企业来说，品牌营销策划怎么做，才能实现品牌价值最大化，是当前急需解决的问题。

本书分别从市场营销策划概述、市场营销策划的准备工作、营销策划书撰写、市场营销战略策划、产品策划、分销价格与渠道策划、促销策划、顾客关系管理与营销策划方面进行研究与讨论，以期通过本书的介绍，能够为企业在市场营销与策划技巧的研发方面提供参考与借鉴。

本书由李静（内蒙古财经大学）著。在写作过程中，笔者参考了部分相关资料，获益良多。在此，谨向相关学者师友表示衷心感谢。

由于水平所限，有关问题的研究还有待进一步深化、细化，书中不足之处在所难免，欢迎广大读者批评指正。

著　者

2020 年 8 月

目 录 CONTENTS

第一章 市场营销策划概述

第一节 策划和市场营销策划

从表面来看，市场营销似乎只是企业为实现营销目标而参与交换的一个过程。然而，要使双方能从交换中获得双赢，满意的完成这个交换过程，并非易事，需要具有一定的技巧、策略和手段。优秀的企业家善于在市场中寻找到桥梁与纽带，将市场中的消费者和潜在消费者吸引到自己的阵营内，运用与之相适应的市场营销策略，开展相应的市场营销活动，一方面使企业满足了消费者的购买需求；另一方面也使自身获得经济效益最大化。可见，市场竞争不单纯体现在产品形式和质量上的竞争，更重要的是各个企业在市场营销策略上的竞争。

一、策划

(一)策划的含义

策划是对未来将要发生事情所做的当前决策，其本质是一种运用脑力进行操作的理性行为，其结果是要找出事物的因果关系，以决定未来可采取的策略。在现代社会活动中，人们为了达到某种预期的目标，借助科学方法、系统方法和创造性思维，对策划对象的生存和发展的环境因素进行分析，重新组合和优化配置所拥有的资源和可开发利用的资源而进行的调查、研究、分析、创意、设计，并制定行动方案的行为。换句话说，策划就是预先决定做什么、何时做、何地做、何人做及如何做。因此，策划是一个纽带，它将现在和将来有机地连结起来。

策划最早始于军事领域，在古希腊神话和我国古代的军事战例中，就有策划的雏形。如战国时的“完璧归赵”、汉初时的“鸿门宴”等。在现代，军事策划日趋成熟，如第二次世界大战中的诺曼底登陆，就是一例军事策划成功的著名范例。第一次世界大战以后，“策划”一词由军事领域发展到文化、政治等领域，出现了政治策划、文化策划和新闻策划。如国外竞选总统，都要经过周密的策划，甚至成立专门的策划班子，这是典型的政治策划。

策划是现代社会最常见的经济活动之一。在现代的商业战争中，企业家们需要策划来帮助他们打赢这场没有硝烟的战争。被誉为“美国企业世界巨子”的亚科卡，曾成功的策划推出“野马”车，创下当年销售的最高纪录。美国市场营销学权威菲利浦·科特勒也在其名著《营销管理》新版中，将军事理论用于营销战略。尽管他们没有明确提出营销策划一词，但所阐述的这些内容都属营销策划的范畴。20 世纪 90 年代以来，随着市场竞争的日益激烈，营销策划更成为企业关心的重点。美国营销专家艾尔·里斯和杰克·屈劳特所著《市场营销战》一书，成功地将军事原理应用于市场营销战中。美国一些咨询公司，有的就是专门从事市场营销策划工作，他们为企业出谋划策，帮助企业战胜竞争对手，把产品推广到市场。日本著名的野村研究所，在帮助日本企业走向国际市场过程中，也曾开展过许多成功的市场营销策划案例，为日本企业成功拓展国际市场立下汗马功劳。我国从 20 世纪 80 年代后期，在广州、深圳、上海、北京等地，也相继出现专职的市场营销策划公司。目前，市场营销策划正越来越为我国企业界所注重。

一部漫长的人类发展史，也就是一部策划的创造史和实践史。策划无时无处不闪烁着人类智慧的火花，从战天斗地赢得生存，到国家的治理，民族的振兴；从领兵作战，克敌制胜，企业经营到发展经济；从人际交往，外交活动到创作构思，到体育竞技等，一个高明的策划所起到的作用和带来的影响，其价值是无限的，所以现代流行的说法把策划叫作“智能原子弹”。

从理论上说，策划作为一种程序，在本质上是一种运用知识和智慧的理性行为。策划又是具有前瞻性的理性行为，它要求对未来一段时间将要发生的事情做当前的决策。策划就是找出事物的主客观条件和因果关系，制定出可行对策，作为当前决策的依据。即策划是事先决定做什么、如何做、何时做、由谁来做的系统方案。

市场营销，策划先导。策划一词是人们十分熟悉而又非常神秘的字眼。数年来，它伴随着人类社会的实践而产生，伴随着人类思维的进化而发展，多少聪明过人者为思奇谋、想良策而绞尽脑汁，又有多少仁人志士为实现一个个锦囊妙计而赴汤蹈火，英勇献身。

现代社会，人人都离不开策划。策划既是一门科学，又是一种艺术，其含义是思维主体运用知识和能力进行思考运筹的过程。“凡事预则立，不预则废”，意思是事先做好准备，并进行必要的策划。主意诚可贵，思维价更高，经典策划可点石成金。意识能量是财富的种子，财富是意识能量的果实。头脑是银行，策划是财富。著名的策划大师科维这样宣言："我要做有意义的冒险。我要梦想，我要创造，我要失败，我也要成功……我不想效仿竞争者，也要改变整个游戏规则"。

策划是中国20世纪90年代最时兴、最热门的职业。可是，作为创意大师、策划人，前途却充满了机遇、风险和挑战。国内市场国际化，国际市场国内化，世界经济一体化是当今全球经济发展的基本趋势，赢得竞争优势，夺取领先地位，获得更大效益，成为全球经济竞争的新景观。良好的选择，是成功的一半。策划要追求"四佳"：最佳选择、最佳组合、最佳创意、最佳效益。创意为整个策划提供一条全新的思路。创意就是创造性的意念；虽然是一个小小的意念，犹如一粒树种，在条件适当时可长成参天大树。它是一切思维成果的最初萌芽和最富价值之所在，是一切创造性思维主体最宝贵的思维结晶和生命价值的体现。

具体来讲，策划的作用有以下几点。

第一，策划是"智能原子弹"。它是实践活动取得成功的重要保证，运筹帷幄，决胜千里。如20世纪70年代中国联产承包是农民精心策划；中美历史性的建交，是周总理的"乒乓外交"策划，小球推动大球。

第二，策划为行动提供指南纲领。"三思而后行"。先谋后事者昌，先事后谋者亡。从哲学原理上看，策划是思维与行动、主观与客观必不可少的联系环节。策划的过程就是认识的过程，就是发挥人的主观能动性的过程。符合客观实际的策划，必然将正确指导人们的实践，使之最终走向成功。

第三，策划是对各种有利因素、有利资源进行优化组合，可以使这些因素、资源发挥更大的效用，也提高了竞争力。洛杉矶奥运会策划净赚1.5亿美元；"泰坦尼克"电影大策划收入20亿美元；法国世界杯大策划，地球围绕足球转。中美乒乓球大策划，架起了太平洋桥梁，伸出了大洋彼岸友谊的手。海湾战争大策划，产值超1000亿美元。

（二）策划的一般程序

策划是依据一定的程序进行的智力操作。它可分为以下三个阶段。

第一阶段——问题识别阶段。这一阶段的重心是确定问题所在，提出策划的目标，其主要任务是信息搜集和情景监控。

第二阶段一诊断阶段。这一阶段的核心任务是发现、探索和拟定各种可能的行动方案。

第三阶段——方案选择阶段。这一阶段的工要任务是从各种可能方案中选出最合适的方案。

二、策划类型

根据人类有目的的系统策划，可将策划分为 6 种基本类型。

第一，实体策划。它主要是对有形的物质实体策划。比如厂房设计、建筑设计、产品设计、时装设计等。

第二，组织策划。主要是对活动的编排，组织结构的设计与更改，及信息交流通道的建立等与组织有关的策划。

第三，程序策划。它的主要目标是建立某种作业的步骤和方法。如建立一条生产线，所以又称为“作业策划”，它注重工作的步骤而不重视物体的排列，它注重动作次序而不注重各种客体的关系。

第四，财务策划。它的内涵为在适当的时机获取适量的资金，并且处理手头的资金以免闲置，及在可接受的风险之下求得投资的最大回报。简言之，财务策划是针对一个组织的全体或部分单位对资金的需求，而提供的最良好而有效的服务。

第五，功能策划。其策划对象是一个组织的某一重要功能。比如一个企业的促销策划、公关策划、广告策划、形象策划等。通常，功能策划包括实体策划、财务策划、组织策划和程序策划等。

第六，全面策划。该策划也称作总策划，它是一个组织的总体规划，统御所有的功能策划。它一般包括前面所述 5 种策划，是前面 5 种策划的有机整合，是一种全方位、立体的大型策划。

三、市场营销策划

（一）市场营销策划的含义

策划作为一种行为我国古已有之，在古汉语中有策画、壁画、策划的记载。策划实质上就是计划、打算、安排的意思，是未来的筹划、谋划，是制定计谋和办法的过程。但策划作为一种专职业务，并作为专门用于企业营销活动的专业业务，则是 20 世纪 50 年代以后的事，对专业性的策划也赋予了特定的内涵。

现代企业的策划是对企业的某一项活动或行动的方向、目标、内容、程序等进行全面和周详的预先安排和设定。

市场营销策划是企业对未来将要进行的营销活动进行整体、系统筹划的超前决策。市场营销是指以消费者为中心的企业整体经营活动。它是一个系统工程，有着明确的目的性，其涉及范围广泛，需要运用人类丰富的知识和智慧，对整个活动过程进行系统筹划。在企业市场营销活动中，策划是必不可少的。

市场营销策划提供的是一套有关企业营销的未来方案，以未来的市场趋势为背景，以企业的发展目标为基础设计企业的行动措施，这些措施包括环境分析、企业现状诊断、营销定位、营销组合策划、预算等内容。

由于市场营销策划是一种超前决策，不可能详尽地预先考虑到未来发生的一切因素，所以必然会或多或少地出现策划方案与现实脱节的情形。因此，任何策划方案都不会是完美的，需要在实施过程中根据实际情况加以补充与完善，以实现预期的营销目标。

（二）市场营销策划层次

第一，按市场营销策划的性质划分

①基础策划。所谓基础策划，是指为保证市场营销运作所必需的基础工作的策划，一方面包括市场调研策划；另一方面包括企业战略策划。市场调研策划可以为企业市场营销运作策划提供起点和基础，企业战略策划可以为企业市场营销运作策划提供方向和基本框架。

②运行策划。市场营销运行策划是指保证市场营销运行的设计行为，其任务是把战略性营销管理的任务落到实处，并做到万无一失。市场营销运行策划的主要内容包括战略方针的策划、战术原则的策划和主要措施的策划。

③发展策划。如果说运行策划是对市场营销日常运行的设计行为，那么发展策划就是对企业开发或业务提升的设计行为。因为企业不仅要有日常运行，还要发展壮大，才能增强竞争力并充分利用资源，这包括市场开发策划、产品开发策划等。

第二，按市场营销策划的时间划分

①战略策划。为了实现长期的战略目标而进行的策划，是一个长期策划。

②战术策划。为了一个或几个短期目标而进行的策划，是一种短期行为。

(三)市场营销策划的特点

第一,目的性

市场营销策划本身就是一种有目的的行为,即为了达到某种目的而进行市场营销策划。对任何企业来说,有明确发展目标才有发展的动力,才可能据此制定出科学有效的方案。因此,确立正确的营销目标如利润目标、市场目标、增长目标等,是企业营销策划的首要任务,而这恰恰体现出市场营销策划具有明确的目的性的特点。制定明确的市场营销策划是达到目标的最佳途径,及应由何人在何时何地采取什么样的行动措施。

企业确定营销目标时应遵循针对性和适用性的原则。企业在某一时期因竞争需要而确立的目标可能有很多项,但为了提高效率,应该抓住重点,解决最急迫、最关键的问题。此外,还要充分考虑企业现有的经济实力,企业的经济实力是一切目标的出发点。离开这个基础,目标就会缺乏实用性。因此,策划时制定的目标,必须是根据企业实力,使其通过营销努力方能达到才有意义。

第二,超前性

市场营销策划是对未来环境的判断和对未来行动的安排,是一种超前的行为。市场营销策划是一种准确的判断。这个判断是借助组织起来的形象系统和概念来实现的。前者是凭借现实世界的各种形象思维所做出的未来预测,后者是凭借抽象世界中间接化和概括化的理论资料,通过逻辑思维做出的未来预测,这就构成了市场营销策划的前提。没有这个前提,市场营销策划就变成了盲目的冒险行为。

市场营销策划又是一种巧妙的安排。这种安排是借助组织起来的经验系统和创新来完成的,前者是借助丰富的经验将各种营销要素进行传统的组合而形成的优化模式,这种方法的安全性和保险系数较高,但容易受制于经验的框子,效果可能稍差;后者是借助高超的创造力将各种营销要素进行前所未有的创新组合而成的优化模式,虽然这种方法具有较大的风险性,操作得当却能产生最佳效果。

第三,系统性

市场营销策划是关于企业营销的系统工程,其系统性首先表现在时间的前后响应上。

市场营销策划的每一个环节是环环相扣的,一个活动的结束,就意味着下一个活动的开始，循环往复，构成了营销活动链。缺乏前后响应的营销活动链的市场营销策划必然会短命，当然也不会有效果。其次表现在空间上的立体组合上。单一的产品销售模式，或称平面销售模式，与策划时代的营销要求是不适应的。企业的市场营销活动，总是多种营销要素的立体组合，通过这种组合才能形成综合推动力，去推动产品或劳务的销售。

第四，复杂性

市场营销策划的复杂性是指企业策划时所考虑因素的复杂性。企业在设计市场营销策划时必须考虑以下三类因素，即环境因素、企业自身的客观条件因素和企业主观目标因素。其中的每一类因素又由许多子因素构成，而且这些因素都是随时间的推移不断变化演进。因此，营销策划所要解决的问题必定是复杂的。

市场营销策划是一种非常复杂的智力操作工程。首先，市场营销策划要求引入大量的间接经验。一项优秀的营销策划方案.要求引入经济学、管理学、市场学、商品学、心理学、社会学等多种学科知识，并且还要能非常灵活地将其运用到策划中去。所以，对市场营销策划人的要求有以下几点：第一是必须具有广博的知识，以此构成策划的支持系统；二是能将这些广博的知识灵活运用到策划之中。这是因为有了广博的知识，并不能保证它们必然能发挥作用，而只有将这些知识消化、灵活地运用到策划活动中，才能创造出一流的方案。第二，市场营销策划要求引入大量的直接经验。间接知识的最大缺陷就是它的滞后性，而市场营销策划主要针对当前和未来的形势，这就要求策划人必须具备大量的直接营销经验，一个连市场都不了解的策划人根本不可能策划出有水准的营销方案。第三，市场营销策划需要对庞杂的信息进行处理。在策划之初，便要对收集到的关于政治、法律、文化及各类市场信息进行综合处理，并从中筛选出有效的信息。在整个过程中涉及许多复杂的问题，如怎样收集各种信息、收集什么信息、筛选什么信息、用什么方式收集信息、如何检验信息处理结果等，这些都是十分复杂的劳动。第四，市场营销策划还是一项复杂的高智商的脑力操作。策划人一方面要将各种营销信息摄入短时记忆系统暂储；另一方面要从长时记忆系统中检索大量知识和经验进入短时记忆系统。这些汇入短时记忆系统的信息，经思维的分析、综合、比较分类、抽象概括，最后加工裂变出新的思想，这些思想在复杂的智力激荡中被系统化、语言化、文字化，最后才以方案的形式凝结下来。由此可见，市场营销策划的确不是一件容易的事情。

第五，适应性

企业市场营销策划是建立在现有的主观因素和客观条件基础上的，一切从现有起点出发。也就是说，营销策划必须易于操作，要结合企业自身条件和环境状况来制定切实可行的策划。一个完整的营销策划案不仅要对企业营销目标做出明确的规定，还要明确战略重点方针、策略和实施步骤，体现企业整体的可操作性和现实性。

任何营销策划活动，都非一成不变，必须留有一定余地，具有一定的弹性，能因时、因地、因机制宜。因为事物总是不断变化的，大至天体，小至分子、原子，无时无刻不在运动变化着，这是一个普遍规律。作为营销策划操作空间的市场，更是瞬息万变，反复无常。如果没有集灵活性和变通性于一体的市场营销策划，就不可能适应当今商战的特别需要。

市场营销策划的调适性主要表现在两个方面：一是在营销策划之初，就要充分设想到未来形势的变化，让方案具备相应的灵活性，能适应变化的环境；二是在方案执行的过程中，可以根据市场反馈及时修正、调整方案，使其充分贴近市场，取得预期效果。

第六，竞争性

企业营销策划也像军事战略部署一样，其目的就是为了克敌制胜，赢得最终竞争的胜利。为此，企业营销策划必然带有对抗性和学习性。对抗性就是要针对对手的行为制定和采取应对性的措施，学习性是指企业对竞争对手的了解和向竞争对手的学习。企业通过针对性学习，一方面可做到知己知彼，从而熟知自己的长处与短处；另一方面，可学习竞争对手的长处，以在知识和技能方面更好地充实和提高自己，达到更好的克敌制胜效果。

第七，风险性

企业营销策划的制定为企业的发展明确了方向，便于企业努力前进。但这本身就隐含着风险：由于策划的长远性和相对稳定性，就会使企业对战略形成路径依赖。这样，当外界发生变化时，企业营销方式在原策划的指导下可能会偏离正轨。也就是说，企业营销策划往往是一把“双刃剑”。

第八，创新性

“物竞天择，适者生存”。环境是企业赖以生存的空间。市场营销最重要的一个规律就是企业必须适应环境变化才能生存和发展，而适应环境变化的关键则在于不断的变革、创新。营销策划的创新性源于企业内外部环境的发展变化，因循守旧的企业战略是无法适应时代潮流的。企业未来的环境、市场、顾客、竞争对手及企业自身，都不可能是现在的重复或简单的延伸。未来的种种变化之迅猛、突发，变动的幅度、频率及变动的内容等，都是用现有的经验和知识所难以驾驭的。唯一的办法是以变应变，以创新求生存、求发展。美国学者彼得·德鲁克说过一段关于企业经营创新的话，他说："这个要求创新的时代中，一个不能创新的已有企业是注定要衰落和灭亡的，一个不知道如何对创新进行管理的管理者是无能的，不能胜任其工作。对创新进行管理将日益成为企业管理者，特别是高层管理者的一种挑战，并且成为他的能力的一种试金石，企业家的职能是创新。"

（四）市场营销策划的作用

近年来，市场营销策划之所以会成为市场营销管理的热点，是因为市场营销具有其特别重要的作用。

第一，强化企业市场营销目标

通过市场营销策划，可以使企业明确的营销目标。从管理心理学角度看，目标对行为者有牵引力，而行为者又有朝向目标的趋近力。两种力的综合作用，不仅可以加速企业营销由现实状态迁跃，而且可以减少许多迂回寻找目标造成的无效劳动。有了目标，企业的营销活动就有了方向，就可以进行人力、物力、财力的优化配置，采取措施调动职工的积极性和创造性，向着目标不断努力。

第二，加强企业营销的针对性

在现实的市场中，单纯靠提高产品质量或实施相对独立的营销策略已很难取胜，必须要找准自己在市场中的位置，并据此借助各种营销要素去占领它，才能获得营销的成功。市场营销策划的一个基本任务就是要找到市场的切入点，并为企业进行市场定位，即根据竞争者产品的市场现状，针对消费者或用户对该产品某种特征或属性的重视程度，为企业产品塑造出与众不同的、个性鲜明的形象，并把这种形象生动地传递给顾客，从而使本企业产品在市场上确立适当的位置。一旦明确定位，企业便可以围绕这一定位展开定向营销，从而完全争取这一目标市场内的现有顾客和潜在顾客，并建立起自己的顾客网络。这样，市场营销策划就使得企业营销更有针对性了。

第三，提高企业营销活动的计划性

市场营销策划，就是要确立未来营销的行动方案，成为未来营销的行动计划，未来的各项营销操作都可以依照计划执行，使企业的各项工作有章可循、有条不紊。

第四，降低营销费用

企业营销活动经过精心策划，可以用较少的费用支出取得较好的效果。因为营销策划要对未来的营销活动进行周密的费用预算，并对费用的支出进行最优化组合安排，这就有效地避免了盲目行动所造成的巨大浪费。据美国布朗市场调查事务所的统计，有系统营销策划的企业比无系统营销策划的企业在营销费用上要节省 2/5～1/2，由此可见市场营销策划的作用。

第二节　市场营销策划的内容及原则

一、市场营销策划的内容

市场营销策划的内容是相当广泛和丰富的，依据不同的标准可做以下归纳：

第一，以策划的对象为标准可以分为企业策划、商品策划和服务策划等。企业策划是对企业整体所进行的策划，主要目的在于树立良好的企业形象；商业策划是对商品的开发和销售所进行的策划，主要目的在于推出新商品和扩大销路；服务策划是从更好地满足顾客需要出发而进行的策划，主要目的在于提高信誉。

第二，以市场发展程序为标准可分为市场选择策划、市场进入策划、市场渗透策划、市场扩展策划、市场对抗策划、市场防守策划、市场撤退策划等。市场选择策划是对如何有效地择定目标市场所作的策划；市场进入策划是为产品成功地进入市场所作的策划；市场渗透策划是为争取现有市场增加购买所作的策划；市场扩展策划是为扩大现有产品的市场面、开拓新市场而做的策划；市场对抗策划是关于怎样与主要竞争对手相抗衡的策划；市场防守策划是怎样抵制竞争产品、巩固现有市场的策划；市场撤退策划是怎样有计划地退出现有市场的策划。

第三，以市场营销过程为标准可分为市场定位策划、产品策划、品牌策划、包装策划、价格策划、分销策划、促销策划等。市场定位策划是为产品确定适当的市场位置所做的策划;产品策划是对产品的开发、创新、改进、提高所进行的策划;品牌策划是对产品品牌怎样赢得顾客欢心所作的策划;包装策划是关于怎样进行科学包装、艺术装潢,使包装更加美观、方便、安全、经济所作的策划;价格策划是确定恰当的价值策略的一种策划;分销策划是有效地选择分销路线的一种策划;促销策划是关于开展人员推销、广告、公共关系、企业推广的策划。

第四,以市场营销的不同层次来划分,可分为市场营销的基础策划与运行策划。市场营销的基础策划包括作为市场营销运行的基础市场调研策划和企业战略策划。市场调研也叫市场营销研究,它是市场营销人员根据企业战略策划、市场营销运行策划的需要,以科学的方法系统地收集、记录、整理和分析市场有关情况,提出问题和解决问题的过程。任何策划,都不应只是灵机一动,而必须依托于详实、可靠的信息。从这个意义上讲,市场调研及其策划,是市场营销及其策划的起点和基础。企业战略策划分为总体战略策划与经营战略策划两个层次:一般来说,总体战略策划的任务,是从企业整体的角度明确企业任务,区分战略经营单位,决定企业的投资组合战略和成长战略;经营战略策划的任务,则是站在战略经营单位的角度分析形势,制定目标和计划。总体战略为经营战略指明方向,经营战略则为各职能战略建立一个基本框架。市场营销的运行策划,包括战略方针层次的策划与战术原则层次的策划。市场营销人员依据经营战略的要求进行的市场机会研究、市场细分、目标市场选择和市场定位策划,叫战略性市场营销策划。其任务在于明确市场营销职能的运行方向。市场营销人员在战略性市场营销策划的基础上,对市场营销的产品、价格、分销及促销即市场营销手段,所进行的组合策划和个别策划,属于战术性市场营销策划,其目的在于把战略性市场营销规定的任务落到实处。

本书采用的是第三种划分方法,即以市场营销过程为标准将全书分为市场定位策划、产品策划、价格策划、分销策划、促销策划等主要章节进行讨论。

二、市场营销策划的原则

市场营销策划不是单纯的、即时的投机谋划,而是企业的一种战略性决策,是一种系统推出产品乃至企业的全方位决策。策划的原则主要包括以下几方面:

(一)战略性原则

第一,全局性

以企业营销全局为出发点和着眼点。它是企业发展的整体蓝图,它关心的是“做对的事情”(do the right things),注重对企业未来总体方向的谋划,而不是仅仅“把事情做对”(do the things right),纠缠眼前的细枝末节。因为“把事情做对”只是“效率”的好坏而已,唯有“做对的事情”才会产生长远的效果。

一个完整的营销策划,是企业未来进行营销决策的依据,将对企业未来的营销工作起指导作用。因此,一个优秀的策划方案,要在对市场情况、产品情况、管理状况、生产情况、发展趋势等进行全面了解和考察的基础上,站在战略高度作出规划。企业营销策划方案的确定,既要考虑到营销环境的影响,又要考虑企业内部各部门间的能力与协作。只有全面综合的分析每一个可能影响营销策划方案实施的因素并加以控制,才不会导致营销资源的浪费。

第二,长远性

营销策划的立足点是谋求提高企业的市场竞争力,使企业兴旺发达、长盛不衰,谋求的是企业的可持续发展,而不是追逐短暂的虚假繁荣。要强化战略思考力和组织设计,不要仅仅追求眼前财富的积累。企业的营销策划不是短期的权宜之计,而是经过长期的、细致的调研和设计,是为企业的长远战略目标服务的。营销策划一旦完成,就成为企业在相当长一段时间内营销工作的指导方针,要求企业中的每一个部门、每一名员工,无论是经理阶层,还是普通员工阶层,都必须严格执行。

第三,方向性

市场营销策划规定企业未来一定时期内的经营方向,“它关心的是船只航行的方向而不是眼下遇到的波涛”。大海航行靠舵手,舵手靠的是船上的舵。经营战略就是企业的命运之舵。

战略性营销策划是企业管理的“顶尖石”,是企业的宏观管理,是统御企业活动的纲领。它为企业的发展指明了基本方向和前进道路,是各项管理活动的精髓,也是生产经营活动的中心。它有利于调动职工的积极性、主动性和创造性,使广大员工为实现企业的目标而做出不懈努力。

第四,稳定性

战略是解决长远性、全局性的问题,影响面大。因此,要保持其相对的稳定性，不能朝令夕改。只有企业的外部环境和内部条件发生重大变化后才能作战略性调整。而战术则是指解决局部问题的原则和方法。它具有局部性、短暂性、灵活性、机动性等特点。毛泽东曾指出："研究全局性的战争指导规律是战略学的任务，局部性是战术、战役学的任务"，在战略上要藐视敌人，在战术上要重视敌人。"一策而转危局，一语而退千军，一计而平骚乱，数言而定国基"，这里讲的就是战术的作用。

战略与战术两者的关系是：战略是战术的灵魂，是战术运用的基础。战略如果错了，就无所谓战术上的对与错。战术的运用是战略的深化和细化，它要体现既定的战略思想。两者的出发点相同，都是为了制定和实现企业的既定目标。一个系统完整的营销策划方案是为企业长远的发展目标服务的，虽要有一定的适应性，但更要保持相对的稳定性，不能朝令夕改。营销策划方案应该在科学的调查和预测的基础上，形成比较稳定的框架和一个长远的企业战略目标。若稍遇风吹草动，就对方案妄加更改，则必然导致营销资源的巨大浪费。

(二)信息性原则

信息是市场营销策划的基础。营销策划是对已获得各种信息的充分利用，缺乏信息的营销策划像空中楼阁一样是危险的策划。

当今世界已进入信息时代，信息同能源、材料一起成为社会发展的基本支柱。对信息的收集、整理、分析和管理水平的高低已成为衡量企业营销及竞争能力高低的一个重要标志。一些发达国家的知名企业之所以在世界各地建立庞大的信息网络，不惜花巨资来收集和处理各种信息，是因为信息已成为企业的资源、企业的财富及企业的竞争力。美国前总统卡特在他的《照亮了道路》一书中说："信息就像我们呼吸的空气一样，同样是一种资源。精确有用的信息就如同我们身体所需要的氧气"。作为以信息操作为中心的营销策划，就更离不开信息。

(三)系统性原则

营销策划的系统性原则是指任何营销策划都必须站在企业全局经营的高度来系统地设计和实施。不管是在对企业组织结构、企业的发展史、企业的营销环境等因素进行分析，还是在营销策划方案的制订、实施、监控过程中，都要系统地进行研究，只有做到这一点才能保证营销策划的成功。

第一，从企业内部看

营销只是企业经营的一个环节，而不是企业经营的全部。尽管现代营销理念认为营销贯穿于企业整个生产经营活动的始终，强调营销是企业经营的龙头，但它仍只是企业全部工作的一部分，营销策划只能作为企业的某一主要职能而在企业组织中存在。因此，营销策划必须兼顾企业的全部经营战略，把营销策划纳入到生产经营中来考察，而不能将它与生产管理割裂开来。在营销策划中，需要企业各部门积极配合，如新产品开发主要由研发部门负责，产品生产由生产部门负责，人员调配由人力资源部门协调，资金由财务部门安排，生产需要的原材料及设备等由供应部门采购，产品质量技术标准要由相关生产技术部门来制定。只有企业各个部门联合行动，形成整体力量，才能使营销策划方案真正得以实施。如果营销策划仅围绕销售部门来设计，就会大大减弱方案的实施效率。

第二，从企业外部看

企业的营销环境不是单一的，而是一个多层次、多因素的复杂系统。这个环境中的政治、经济、文化、法律、宗教、种族、风俗、习惯、心态等因素都对企业的营销产生巨大的影响，甚至于会制约企业的发展。因此，企业只有对这些影响其生存和发展的各种因素进行系统的分析研究，并将其恰到好处地加以利用，才能保证策划的成功。

第三，从策划方案来看

由于企业所面对的市场不是平面的，而是一个立体的，因此营销策划方案也是立体的。营销策划要根据不同层次的顾客需求设计出与之相适应的内容和方式，逐步形成由一系列能够系统、综合、全面地反映出错综复杂的市场营销活动方案的营销策划方案。

(四)效益性原则

效益性原则是说营销策划必须以最少的投入产生最大的收益。营销策划的直接目的就是经济效益，如果投入太大或收益太小，都会导致利润太低，显然这有悖于策划的初衷。遵循此原则有以下几点要求：

第一，开源节流

这里所说的节约是指减少不必要的开支，而不是降低必要开支使营销效果降低,这恰恰是一种营销资源的浪费。

第二,要求有详尽的预算

在策划方案中必须有详尽的预算,只有预算详尽,才能使每一次投入都以计划为依据,使资金投入最少化,效果最优化。只有投入的每一分钱都发挥了它的最大的功能,营销的投入才是真正最经济的。

第三,要求营销策划必须产生经济效益

营销策划不只是追求与公众沟通、树立企业形象,还要求营销策划方案实施之后必须产生直接的经济效益。没有经济效益的营销策划是失败的策划。经济效果的高低已成为评价营销策划方案优劣的最主要标准。

(五)权变性原则

大量营销策划实践表明,在策划的设计和实施过程中,经常会遇到一些对策划产生巨大影响甚至影响企业生存和发展的因素发生变化,这些因素的变幻莫测,是企业想不到和难以控制的,若不能很好地适应,则会直接影响到策划的实施及效果。因此,企业在策划方案设计和实施之前,应尽量对各种可能的因素进行预测分析,设法增加营销策划方案的灵活性,使之对突发事件有足够的应变能力,做到因时而变、因势而变、因地而变。

第三节　市场营销策划学科的特点和研究对象

市场营销策划是一门复合型的学科,它是由多门学科知识综合、交叉、碰撞而形成的新的应用知识体系。它秉承市场营销学的特点,是综合思维的科学与精湛的经营艺术的结合。市场营销策划既是一门科学,也是一门经营艺术。

一、市场营销策划学科的特点

(一)市场营销策划是创新思维的学科

市场营销策划实质上是一种经营哲学,是市场营销的方法论,因而是一门创新思维的学科。

市场营销策划是从新的视角,用辩证的、动态的、系统的、发散的思维来整合市场营销策划对象所占有和可利用的各类显性资源和隐性资源,使其在新的排列组合方法指导下,各种生产要素在生产经营的投入产出过程中形成最大的经济效益。它主要包括创新思维路线的选择,企业经营理念的设计,资源的整合,市场营销操作过程的监督和管理四个方面的内容。

市场营销策划作为创新思维的学科,特别强调将单线性思维转变为复合性思维。将封闭性思维转变为发散性思维,将孤立的、静止的思维转变为辩证的、动态的思维,将具有浓厚的小农经济色彩的“量入为出”的思维转变为“量出为入”的市场经济的思维。市场营销策划所要达到的最终目的是通过对企业各类资源的整合,使营销策划的对象以崭新的面貌出现在市场上,并在特定条件的市场上具有唯一性、排他性和权威性。只有达到这“三性”,才是一个优秀的市场营销策划,才能满足市场竞争的创新需要,也才能使营销策划的对象在市场竞争中产生“先发效应”和“裂变效应”,以抢占市场的先机和拥有市场核裂变能量,为企业拓展出广阔的市场空间和实现企业综合经济效益最大化的目标。

营销创新是提高企业市场竞争力最根本、最有效的途径。众所周知,企业在市场上要面对的主要竞争对手有产业内现有企业、潜在加入者和替代品厂商等三类。与同行业现有厂商共争市场是企业参与市场竞争的主要形式,适应这种竞争的挑战,企业面对市场上众多实力雄厚的销售同一种类商品的竞争对手,与广告战、价格战、营业推广战等营销手段相比,创新是最有威力、最有功效的营销手段。通过创新,可以不断地研制出适销产品投放市场,达到“人无我有”的状态,进而比对手赢得更多的顾客,获得较大的市场份额,获得巨大的效益。对潜在加入者来说,企业的创新制胜是招致其进入本行业成为竞争者的诱因(潜在加入者从企业的成功中看到了该行业的诱人之处),也同样是与其争夺市场的有效手段。因为营销创新不仅仅使企业设计、生产出优于竞争对手的产品,而且,还可以实现企业联合(组织创新),与现有的同行业厂商一起,共同高筑限制潜在竞争者进入的屏障,进而保持已有的市场份额。营销创新对企业在与替代品,厂商竞争获胜上也有不可估量的魔力。由于与替代品厂商竞争是整个行业所有企业与替代品厂商竞争企业间竞争变得更加复杂,通过创新,企业科学合理地组合各种新资源,可以生产出不仅在本行业领先而且还能替代品的适销产品。如此创新,企业不仅能稳定,而且还能提高自己的市场占有率。

(二)市场营销策划是市场营销工程设计学科

市场营销策划实质上是运用企业市场营销过程中所拥有的资源和可利用的资源构造一个新的营销系统工程,并对这个系统中的各个方面根据新的经营哲学和经营理念设计进行,轻、重、缓、急的排列组合。在这个市场营销系统工程的设计中,经营理念的设计始终处于核心和首要的地位。

在市场营销策划中,营销理念设计是其他一切营销活动设计的前提,而市场营销活动则是营销理念的原型。营销理念设计是统率、指导和规范其他市场营销系统工程设计的核心力量,并渗透于整个市场营销策划过程中。

(三)市场营销策划是具有可操作性的实践学科

市场营销策划是一门实践性非常强的学科。市场营销不是空洞的理论说教,它要回答企业在现实的市场营销活动中提出的各种疑难杂症,不仅仅回答这些问题出现的原因,即回答为什么、是什么,而更重要的是如何开拓市场、营造市场及如何在激烈的市场竞争中获取丰厚的利润。市场营销策划就是在创新思维的指导下,为企业的市场营销拟定具有现实可操作性的市场营销策划方案,提出开拓市场,营造市场的时间、地点、步骤及系统性的策略和措施,而且还必须具有特定资源约束条件下的高度可行性。市场营销策划不仅要提出开拓市场的思路,更重要的是在创新思维的基础上制定市场营销的行动方案。

(四)市场营销策划是系统分析的学科

市场营销策划是一项系统工程设计,其主要任务是帮助企业利用开放经济中丰富的各种资源,区域性资源、国内资源和全球性资源,显性资源和隐性资源、可控资源和不可控资源等,用系统的方法将其进行新的整合,使其在市场营销过程中产生巨大的"核裂变"效应。市场营销策划是用科学、周密、有序的系统分析方法,对企业的市场营销活动进行分析、创意、设计和整合,系统地形成目标、手段、策略和行动高度统一的逻辑思维过程和行动方案。因而,作为智慧火花的市场营销点子,不能说市场营销策划仅只是市场营销策划中的创意。

市场营销策划强调对既有资源和可利用的资源进行整合。整合是系统论的一个基本范畴和重要原理;系统论是20世纪中期发展起来的一种科学理论,它认为:凡是由相互联系和相互作用的诸因素所组成并具有特定功能的总体,都是一个系统。任何系统都不是它的组成因素的简单加总,而是这些因素在特定联系方式和数量配比下形成的有机总体。总体具有不同于组成因素或子系统的新功能、总体“大于”各组成部分的孤立属性的简单集合。市场营销策划就是依据系统论的整合原理,寻求市场营销活动的1+1>2的投入产出比。市场营销策划,是建立在点子、谋略的整合,及谋略之上的多种因素、多种资源、多种学科和多个过程整合而成的系统工程。因此,作为理论,市场营销策划是一门系统科学;作为实践,市场营销策划是一项系统工程。

二、市场营销策划学科的研究对象

市场营销策划是一门涉及多种学科的综合性应用科学,其研究对象是市场营销策划过程中的市场进入障碍分析、营销资源的配置、营销创意、营销理念设计和制定市场营销策划方案等的基本方法、技巧及其一般规律。

市场营销策划是在现代市场营销观念的指导下,以市场营销管理为土壤,从市场需求入手,深入市场调查研究,认真分析市场营销环境,竞争对象,企业市场竞争条件,及实现目标市场顾客群达到满意状态的条件,因时、因地、因人制宜地提出“创意—构架—行动”的系统工程。虽然,各个市场营销方案存在着千差万别,各有其创新的特色和营销要素整合的技巧,但不论是哪种性质的市场营销策划,哪种层次的市场营销策划或哪个行业的市场营销策划,其策划的过程、基本方法、基本技巧都具有一定的规律性和共同的持点,只是因时间、地点、行为和产品的差异而各有侧重。例如,每一个成功的市场营销策划都是以顾客满意度为出发点,其最终目标或结果必然是顾客满意的实现和达到企业盈利最大化的“双赢规则”;每一个市场营销策划都必须坚持1+1>2的资源投入产出优化配置等。研究市场营销策划,不仅要学习和掌握市场营销策划的方法和技巧,更重要的是认识和掌握市场营销策划的一般规律性。并以创新思维为灵魂,遵循市场经济的客观规律,更好地开展市场营销策划实践活动。

第四节　中国营销策划发展历程

改革开放以来，我国经济快速发展、竞争日益激烈，我国的营销策划业也发展得非常迅速，其发展水平已不亚于任何一个发达国家，充分展现出市场经济条件下商业竞争中的东方智慧。历经风雨，中国营销策划业从20世纪80年代初开始已经走过了40余载。从策划的发展阶段来看，大致经历了以下三个阶段。

第一阶段：初始发展(1978—1994年)。

中国第一代营销策划人开启了策划行业的初始发展时期，其代表人物为郑新安、何阳等人。他们靠的是“个人智慧”，为企业提供的是“点子激活市场”的策划。“点子时代”的中国策划业就像一张白纸，只要在上面点上一个“点”，就会创造一个市场“奇迹”。因为任何营销创新，甚至只要大胆敢想就能超出别人，就能让消费者感到激动，让市场生命力勃发。这个时期策划业的发展影响了中国一大批后来的策划人，中国策划行业如雨后春笋迅速发展。伴随着我国市场经济的日益开放和卖方市场向买方市场过渡，策划人的成长也存在着众多遗憾，营销策划过于随意，常常是经验式的拍脑袋式的决策，缺乏对市场整体的洞察、理解与整合。

第二阶段：快速发展(1995—2000年)。

20世纪90年代中后期，随着越来越多的外资企业进入中国，迎来了策划业的第二个春天。中国营销策划业的环境发生了巨大变化，策划业也从混乱走向规范，专业化、职业化、行业化，同时策划人的优胜劣汰竞争日益明显，基本结束了“单打独斗”的时代，出现了真正意义上专门从事营销策划的公司。该时期的营销策划的显著特点：一是专业化程度高，国外归来的学者创办策划公司；二是规模较小，品牌弱；三是市场发育落后，先天不足；四是国外咨询公司的进入，如盖洛普、麦肯锡等，基本上成为国内咨询市场的主力。

对于策划人而言，随着一些策划人的漫天要价和不负责任，企业也逐步从非理性消费过渡到理性消费，主要表现为需求细分，对策划业的鉴别力有了明显提高。但是这个时期的营销策划依附于新闻炒作，热衷于炒作，难免会出现“泡沫”。营销策划也只是局限于对企业某一方面的策划，如广告热、公关热等，缺乏对企业整体的长远的策划。

第三阶段:整合发展(2000年以后)。

进入21世纪,由于国外跨国企业大举登陆我国市场,面对竞争的日益激烈,中国企业对营销策划的实际投入呈增长态势,营销策划的价值得到进一步认识,潜在的市场需求扩大。中国的营销策划逐渐走上了良性发展的轨道,开始出现对企业全方位的整合营销策划,包括战略策划、促销策划、广告策划、营销组织策划等。企业和策划公司开始建立战略联盟关系。国际知名咨询公司大举登陆后开始面临如何实行本土化的问题。咨询与实践脱节和咨询过度介入企业的现象逐渐得到解决,客观、公正、独立的咨询人员与组织正在形成,市场逐渐出现细分。这个时期,营销策划深入各行各业,IT、通信、医药、房产、影视、公益活动、娱乐、图书教育等各个领域到处活跃着策划人的身影。这个阶段的发展告诉人们,中国策划业在一个市场主导的新型商业环境下必须得到足够的重视,经济发展从没有像现在这样依赖于资源、科技和策划的投入。

第二章　市场营销策划的准备工作

第一节　市场营销策划机构的建立

一、市场营销策划机构的组织

科学技术的进步和发展，使得所有企业都面临新时代的种种机遇和挑战，要想取得生存和发展机会，企业必须建立适应性强的市场营销策划组织机构，才能适应市场环境和营销渠道的新变化，不断提高企业的竞争能力，获得良好的经济效益。所谓市场营销策划机构，是指企业内部为实施市场营销策划业务活动而设计的相应职位及组织结构。市场营销策划机构是保证营销策划工作实现的组织手段，是企业为了实现营销策划目标、发挥市场营销策划功能，由有关部门和人员协作配合的有机的科学体系。企业的所有市场营销策划活动都应该是由市场营销策划组织机构来完成的，其主要任务是制定市场营销策划机构组建的原则；选择市场营销策划机构的组织形式；协调市场营销策划部门与企业其他职能部门的关系。

二、市场营销策划组织机构设计原则

市场营销策划组织机构设计必须遵循以下原则。

（一）明确组织机构指挥系统原则

在策划组织机构设计中，首先要明确组织机构中各级关系，让每一位员工只有一个上级负责，服从命令，听从指挥。组织机构指挥系统的明确过程实质上是分权过程。能将职权自上而下逐步适当转移出去，实行权力分解，有利于建立有效的组织机构控制系统。

（二）统一命令与分层管理相结合的原则

在营销策划过程中，对于战略性、全局性的重大事项的管理控制权限应该集

中在企业策划高层部门。有利于在实际经营管理中统一指挥、统一领导，避免多头领导，消除有令不行、有禁不止等现象，确保企业市场营销活动顺利开展。此外，为了提高管理效率，有必要实行分层管理，即针对营销实际状况，让营销策划系统中的每个部门的主管拥有一定的权力，承担一定的责任。也就是说，营销策划系统中各层市场营销管理组织在规定的权限范围内，能够灵活地处理与本部门相关的业务事项，使责任、权力和利益有机结合起来。

（三）合理分工，利于沟通与协调原则

市场营销策划机构的构建要本着有利于各部门沟通协调的原则，与企业营销目标能否顺利实现关系极大。组织机构的选择要有利于组织各职能机构纵向协调和横向合作，尽可能有效地沟通和资源有效利用。

（四）精简与高效的原则

建立企业营销组织的目的是通过优化营销资源配置，以实现营销利润最大化。因此，企业营销系统的各部门和各环节都必须与其承担的职能相符。精简的组织机构才能创造出较高的效率。

（五）适度弹性原则

现代营销活动具有复杂化、知识化、智能化、专业化、科技化的特点，且影响营销活动的环境也难以预测，因此，企业的营销策划组织机构也应随着市场营销活动的动态变化而进行相应调整，以适应营销环境发展变化。设计时要有适度弹性伸缩，以提高策划机构应变能力。例如，企业为了实现某一特定的市场目标时，可以聚合有关专家，适时地组建临时性机构，并通过临时性授权以完成某项特定的目标任务。这种适度弹性，有利于提高企业策划组织机构战斗力，提高企业经济效益。

上述五方面的原则，在实际操作过程中，必须结合营销活动的内外部环境和企业目标来具体使用才能行之有效。

三、市场营销策划的组织机构形式

为了实现企业营销策划目标，选择形式适宜的市场营销策划组织机构是很重

要的一环。一般来说，可以采取两种方式来建立市场营销的策划机构。

(一)"智囊团型"的策划机构

由企业抽调部分营销人员，并聘请专家管理顾问公司成立专门的策划班子，进行企业的市场营销研究，对企业的市场营销战略和策略做出规划和策划，然后通过企业的营销职能部门来组织实施策划方案。

这一策划机构的特点就在于它的灵活性和高效性。企业凭借"外脑"来策划营销方案，大大提高了市场营销策划的起点和水准，它通常是在企业经营的特定时期，如公司组织机构调整、业务经营范围发生重大变化、新产品上市、企业经营陷入困境等和面临重大事件时，在企业战略目标做出调整、行业内出现威胁性的竞争对手、竞争者采取了新的竞争策略等情况下设立并运作，完成特定任务后即刻解散。

(二)"家族型"的策划机构

企业内部以营销职能部门为策划的主体单位，借助企业原有的市场营销组织机构和人员来采集信息、制订营销方案并组织实施。

对于营销职能部门来说，在进行市场营销策划时必须考虑到企业营销组织机构的具体形式，以提高策划方案的针对性，并有利于组织实施。这种形式的策划机构契合在企业的营销职能部门中，具有稳定性和系统性的特点。

(三)混合型的策划机构

许多企业将这两种形式的策划机构结合运用，由"家族式"策划机构承担企业营销活动过程中常规的策划任务，而以"智囊团型"的策划机构承担特定的营销策划任务，真正实现了营销策划组织机构的系统性、稳定性、灵活性和高效性。

第二节　市场营销策划经费的预算

一、市场营销策划经费预算

在营销策划中，必须对营销方案实施的预期效益进行分析，论证营销方案的优劣和可行性。营销策划经费预算是企业综合预算的重要内容。预期效益分析主要涉及两方面的问题:一是策划的营销方案所能带来的经济效益,如预期销量、目标利润、市场占有率等;二是实施营销方案所可能花费的成本,如产品开发费用、广告宣传费用、促销推广费用及商品分销费用等。在一些情况下,还应当对实施某种营销方案所可能产生的机会成本加以说明,通过对不同方案的机会成本的比较求证该方案的经济可行性。营销策划对营销方案费用预算的影响很大,进行精心的营销策划后,各方面的费用都进行科学安排,才可以节省营销费用投入,而没有经过营销策划的自留型产品销售,必然导致一定程度的浪费。

二、营销策划经费预算原则

营销策划的经费预算是企业综合预算的重要内容,是调剂和控制经营活动的重要工具,也是营销策划方案顺利实施的具体保证。经费预算应尽可能详尽周密,各项费用应尽可能细化,尽可能真实反映策划方案实施的投入大小,力争将各项费用控制在最低成本上,以求获得最优的经济效益。一般来说,营销经费预算要遵循以下基本原则。

(一)效益性原则

效益性原则即以最少的经费投入而产生最大的营销效益。也就是说,低营销效益或者没有营销效益的营销策划经费投入应当在预算中尽量避免产生。

(二)经济性原则

经济性原则是指在营销策划方案实施中,在保证足够的营销经费的同时,又要尽可能节省不必要的经费开支。即在活动开展过程中,要考核其所得与所费的比值。要想取得好的经济效益,必须遵循经济性原则。

(三)充足性原则

充足性原则是指投入的营销策划经费能足够保证营销策划方案的全面实施。营销策划经费是企业投入的营销成本,直接影响企业利润的高低。营销策划经费高了会造成资源浪费,低了又影响营销效果,保证不了策划方案实施,甚至会使策划方案夭折。因此，企业应通过边际收益理论来对营销策划经费投入的充足性做出测算和评估。

（四）弹性原则

弹性原则是指对营销策划经费的预算要能根据未来环境的动态变化而表现出灵活机动性。企业营销活动受到营销环境变化的影响，当营销环境发生变化，原有的策划经费也应相应调整，与环境变化相适应，做出适当安排。只有这样，才能保证营销目标实现。

三、营销策划经费预算的内容

每一项营销策划都要投入一定资金。而具体投入多少，投入到什么地方，什么时候投入，需要有一个经费预算。经费预算是计划书的一项重要内容，详细、科学的经费预算能节约成本，使营销策划获得良好的经济效益。主要费用包括下面几项。

（一）市场调研费

要委托专业调查公司或雇佣专业调查人员进行调查。这是一笔重要开支，如果过少，资金不足，就会造成调研资料失真，结果有误差。因此，市场调研费一定要合适，根据规模大小和难易程度来准确预算费用多少。

（二）信息收集费

信息收集费指信息检索、资料购置及复印费、信息咨询费、信息处理费等，主要根据二手材料和信息的搜集，规模大小和难易程度来确定。

（三）人力投入费

为了完成不同的分工，要投入一定的人力这个费用才可以比较准确地测算出来。

（四）策划报酬

策划报酬分两种情况：一是由内部人员策划，则可节省这方面开支，而考虑通过奖金形式反馈给员工。二是委托“外脑”策划,创意策划是知识,是有价值的。要支付策划费,具体多少可以事先商定,也可根据实现结果来定。

第三节 市场营销策划的准备与信息收集

出门看气候,营销识环境,生意知行情,信息抵万金。企业是在发展中求得生存的。企业的生产经营如逆水行舟,不进则退。市场经济的海洋潮涨潮落,变化频繁。顺流善变者生,逆流不善变者亡。市场风云,变幻莫测,强手如林,各显神通。企业要把握千变万化的市场行情,以变应变,先谋后战,精心策划,高效动作,才能迎风取势,适应环境,夺取最后的胜利,直挂云帆济沧海。孙子曰:“知己知彼百战不殆;不知彼而知己一胜一负;不知己不知彼每战必殆。”据调查,世界上“长寿公司”的共同经验中有三点是与对环境的认识有关:第一,对环境变化要反应敏锐,适应环境,以变应变,谋求生存;第二,对环境变化要有强烈的认同感,快速反应,寻找机会,谋求发展;第三,对环境与管理的认识要审时度势,与时俱进,不断创新,运筹帷幄,决胜千里。

一、收集、分析信息

(一)直接信息收集

第一,对象:消费者、经销商、竞争对手、原料供应商等。

第二,方法:座谈调查、访问调查、抽样调查、观察法。

(二)间接信息调查

第一,书籍与报刊杂志。

第二,企业内部资料:客户资料、技术资料、财务资料、部门资料、工作计划与总结报告。

第三,政府部门资料:统计年鉴、政府出版物、政府工作报告等。

第四,现成的调查报告(索取或购买)。

(三)信息资料整理与分析

信息资料整理的具体方法如下：

第一，将收集来的资料分别加以整理。

第二，按照所属类别加以细化。

第三，将有用信息筛选出来。

二、收集信息流程

中国有句俗话，叫做“巧妇难为无米之炊”，策划也是如此。因此，在确定策划主题之后，就要围绕这一主题展开相关的信息收集工作，就要去找“米”。否则，策划人再聪明，分析能力再强，如果没有信息，也只能是“无米的巧妇”。无论策划主题如何优秀也难以提出杰出的策划方案来。因此，信息收集工作是策划成功的关键，信息收集能力也是策划人员必须具备的基本要素。

(一)确定所要收集的信息

知己知彼，百战不殆。一个策划方案的成功，往往需要大量的信息作为支撑。这些信息不仅仅来自市场，而且来自我们生活中的各个方面。策划主题确定以后，就要立即着手收集各方面的信息来为主题服务。

(二)确定信息来源

信息依据其来源，可分为现有资料信息与市场调查资料信息两大类。

第一，现有资料信息。这类资料通常来自现成的书籍与报刊杂志，现成的企业内部资料、政府出版的普查与统计资料、现成的登记资料、现成的调查报告等，由于这些资料信息都是间接获得的，所以称之为二手资料信息，或是次级资料信息。

第二，市场调查资料信息。这类信息均来自消费者、经销商、竞争同行、原料供应厂商，这些资料都是直接调查才能获得，所以称之为第一手资料信息，或是初级资料信息。

现成资料与市场调查资料的不同就在于取得的方式不同，前者现成取得，后者实施调查取得。

(三)确定信息收集的方法

根据信息来源的不同,信息的收集方法也不一样。一般来说,一手资料的获得,需要策划人员亲自到现场去走访调查,而二手资料的获得,只需要查阅相关的资料即可。

三、信息收集的要点

(一)迅速地发现新信息

欲推出一个畅销的策划方案,迅速地选择最新的材料(信息)是不可缺少的前提条件。策划者凭借敏锐的感觉把握住最新信息,并尽快与策划案结合在一起,才能推出畅销的策划。

优秀的策划人员也是信息收集的“名人”,这句话的确是至理名言。被喻为优秀的策划人员,往往能想出别人无法模仿的信息收集方法,认真地去实践,并将其活用于策划之中,而获得成功。

(二)敏锐地感知新信息

收集新鲜信息最重要的方法是要具有“信息精神”。不放过在工作时间内,在日常生活中任何一条信息,随时都有“能否为我所用”的准备。

信息如同时间,给所有的人均等的机会,但只有具有“信息精神”的人才能尽快掌握有利的信息,将其活用于策划方案之中,而得到成功。

(三)明确目标

除了具有“信息精神”外,还必须有明确的目标。带着干劲十足的信息精神,却茫然无措地收集信息的话,目标就不明确。因此,在何种范围收集何种信息,事先要有明确的目标。信息收集的目标一旦决定下来,等于在目标的特定范围内装着感应度灵敏的天线,而此时宝贵的机会就会很有趣地显现出来。

(四)不忽略任何小的信息

策划人员必须有敏锐的嗅觉,细心地去关注工作与日常生活中的一切,时刻去寻找具有策划价值的潜在信息,有价值的信息并不是每个地方都有,只有随时随地带着"信息精神",才可确切掌握有利信息。

四、掌握有价值的信息

具有信息精神,带着明确的目的来进行信息收集,就可以收集很多的信息。但信息的质量却是一个不容忽视的问题,虽然能收集很多,可是一些毫无作用的信息却不足以当做策划立案的资料。所以,要努力发现有价值的信息。如何发现有价值的信息呢？以下有两种方法。

(一)追踪使你心动的信息

当你看到某些现象、或听到某段谈话时,会让你心动的信息最为重要。具体而言,也就是下面所说的现象或信息:第一,跟以前不一样的现象或信息;第二,以前不曾发生过的有趣或快乐的现象或信息;这些现象或信息都有令人悸动的原因,对策划而言,这是非常重要的。

(二)注意负面信息

有价值的第二个信息是来自市场的负面信息。在市场活动中往往会有消费者以各种形式对商品或服务提出抗议,对企业而言,抗议是不受欢迎的信息,但对策划来说却是很珍贵的。

抗议(负面信息)是企业重要的信息,有句"良药苦口"的俗谚,负面信息正是这个意思。企业得到称赞的美言(正面信息)当然会很高兴,但也不能忽略来自市场的负面信息,必须主动接受负面信息,将难以入耳的抗议视为谏言,以便随时修正商品的瑕疵,提供让消费者满意的商品。

第三章　营销策划书撰写

营销策划是一种创新行为，要创新，就要把创意贯穿于营销策划的全过程之中。创意成功与否是营销策划是否出新的关键，从某种意义上说，创意是营销策划的灵魂。

第一节　营销策划创意

一、创意概述

创意就是点子，任何策划案如果没有创意，就缺少了灵魂，好的创意是成功策划的有力保障。创意是人们在经济、文化活动中产生的思想、点子、主意、想象等新的思维成果，或是一种创造新事物、新形象的思维方式和行为。

创意是人们主体意象与客体表象的结合。客体表象是感性认识的产物，不具备理性的内容。表象可分为回忆性表象和想象性表象。当表象被作为意念、思绪、情感深深地印在人们的脑海里时，就转化为了意象。这个由表象向意象转化的过程完成后，进一步进行创造性思维，就可以形成创意。这种创意一旦作用于企业营销策划，就可以形成别具一格的方案。

创意产生于创造性思维。创造性思维是一种辩证思维，即认为事物是运动、变化、发展的，并要用逻辑思维去把握、驾驭整个世界万事万物的变化，而不是以形式逻辑的静态思维去进行推理。

创意来源于对生活的积累。创意要求创意者深入观察生活、积累资料、提高个人素养，文学、美学、经济学、管理学、工艺学、结构学、心理学等要全面涉及，处处留心，事事思考，日积月累，厚积薄发。

营销策划及其实施的过程是企业与公众相互沟通的过程。创意则对公众印象、公众态度、公众舆论有重大影响。

（一）创意直接影响公众对企业的印象

印象是客观事物在人们头脑中的折射。人们对企业印象的好坏取决于企业形象的好坏,而企业形象的好坏最初是由创意塑造的。只有好的创意才能塑造出良好的企业形象,进而在公众头脑中形成良好的印象。印象是公众对企业的初步认识,印象与企业的形象可能一致,也可能不一致;印象所反映的可能是实态形象,也可能是虚态形象。实态形象是企业实际的经营成果、水平、产品质量、利润和规模。虚态形象只是社会公众对企业的主观印象。

实态形象和虚态形象可构成三种状态:一是实态形象等于虚态形象,公众印象与企业形象重合;二是实态形象大于虚态形象,公众对企业了解流于肤浅;三是实态形象小于虚态形象,公众对企业估计过高。创意就是要通过视觉识别系统、理念识别系统和行为识别系统的统一,使企业的实态形象得到准确的传达,并使之与公众印象重合。

(二)创意可以影响公众的态度

态度是人们主观的内在意向,其主观性远胜于客观性。态度的倾向性较强,会形成模糊的印象,显得更具稳定性。态度由认知因素、情感因素和行为因素构成,其中情感因素起主导作用。

创意的目的是要影响公众的态度。创意影响公众态度的关键就是要掌握公众的情感因素,托物寄情、借物传情、以情感人、以情动人,从而使公众对企业形成良好的印象。

(三)创意是引导公众舆论的依据

舆论是社会大多数公众的看法和意见,是公开在社会上发表的议论。如果说印象只是嵌于人脑的初步认知,态度只是公众个人的情感表现,那么舆论则是社会公众彼此之间信息的交流和传递,因而更具有影响力和煽动性。创意更应面对社会公众舆论,并充当引导公众舆论的依据。

创意寓于营销策划之中,是企业营销策划的灵魂。在营销策划中,成功的创意会产生以下积极效应。

第一,企业形象独树一帜。独树一帜是企业形象鲜明、富有特色、有魅力的表现,是企业实施差别化战略所追求的目标。成功的创意必须通过这一目标来体现。

第二，企业营销活动引人瞩目。引人瞩目是企业形象创意所追求的又一社会效果。引人瞩目必须依靠自身的特色，并让社会公众潜移默化地接受其形象及相关的理念、行为举措。引人瞩目是企业实力扩张的结果，也是企业特别需要的张扬和企业魅力的辐射。创意就是解决如何张扬、如何宣传的问题。收到引人瞩目的效果，创意就成功了。

第三，借媒介力量名扬四海。成功的营销策划还要在公共关系方面进行创意，即如何借助新闻媒介的力量，宣传企业及其产品，达到提高企业声誉的目的。营销策划就是要依次提高企业的知名度、信任度和美誉度。企业借新闻媒介的力量，使自身的“三度”提高了，创意也就获得了成功。

二、营销策划创意的产生过程

创意既是思维创新，也是行为创新。创意本质上应该是丰富多彩、灵活多样、不受束缚的，不应该有固定模式。但为了便于初学者领会创意过程，现将创意产生一般要经历的步骤阐述如下。

（一）明确企划目标

创意者必须先弄清楚委托者的本意、要求，并从中提炼出主题，在有限的时间内与合作者的智慧统一起来，避免产生歧义或出现南辕北辙的情况。

（二）企业分析与诊断

企业环境可分为外部环境和内部环境。企业的外部环境包括政治环境、社会环境、经济环境和文化环境等。企业的内部环境包括生产状况、经营状况、管理状况等。企业的内外部环境是进行创意的依据，因而对企业的内外部环境要分析和诊断清楚，以引发合乎环境的正确创意。

（三）整理信息

整理信息是指企划人通过对企业提供的二手资料和亲自深入企业所取得的一手资料进行认真分析，从中获取有价值的信息的行为。整理信息要借助人脑与计算机的合作，通过计算机对信息的量化分析和人脑对企业实态的感性分析进行整理加工，去粗取精、去伪存真。在反复的调研、探究、琢磨的过程中，企划人不仅可以进一步掌握情况，而且会产生强烈的创意冲动。

（四）产生创意

创意既是企划人灵感闪现的过程，也是一种可以组织，并需要组织的系统工作。引发创意一般要具备一些条件，如丰富的情报信息量、灵敏的反应能力、较强的抽象概括能力、丰富的想象力、广博的阅历、深入的感性体验、多角度思考问题的能力及同时进行多种工作的能力等。

第二节　营销策划书的结构与内容

一、封面

封面是营销策划书的脸，阅读者首先看到的就是封面，因而封面要具有强烈的视觉效果，给人留下深刻的第一印象，从而对策划内容的形象定位起到辅助作用。封面的设计原则是醒目、简洁，切忌花哨，至于字体、字号、颜色则应根据视觉效果具体考虑。规范的封面，一般应提供以下信息：策划书的名称、委托策划的客户、策划机构的名称或策划人的姓名、策划负责人及其联系方式、策划完成日期、策划执行的时间段及编号。

封面制作的要点如下。

第一，标出策划委托方。如果是受委托进行营销策划，那么在策划书封面上要把委托方的名称列出来，如："XX 公司 XX 策划书"。

第二，标题简明扼要。题目既要准确，又不累赘，使人一目了然。有时为了突出策划的主题或者表现策划的目的，可以加一个副标题或小标题。

第三，标注日期。一般日期以正式提交日为准。因为营销策划具有一定的时间性，在不同的时间段，市场的状况不同，营销的执行效果也不一样。

第四，标明策划者。一般在封面的最下部要标出策划者。若策划者是公司，则应写出企业全称。

二、前言

前言一方面是对内容高度概括性的表述；另一方面可以引起阅读者的注意和兴趣。前言的篇幅以不超过一页为宜，字数控制在1000字以内，其内容主要有：

第一，接受委托的情况，如“XX公司接受XX公司的委托，就某年度的广告宣传计划进行具体策划”。

第二，策划的概况，即策划要达到的目的及策划的主要过程。

三、目录

目录是策划书各部分标题的清单，能够使阅读者很快了解全书概貌和方便查找相关内容。一般人的阅读习惯是先看书的标题，再看书的目录。如果目录不能吸引人，那么人们很可能不再往下看，因此，目录的编制要下一点功夫。

列目录时要注意，目录中所标页码与实际页码必须一致，否则会损害营销策划书的形象。

四、摘要

摘要是对营销策划项目所作的一个简单而概括的说明。摘要要说明的是：为谁做的一项什么性质的策划、要解决什么问题、结论是什么。阅读者通过摘要的提示，可以大致了解策划内容的要点。

摘要虽然是在营销策划书的最前面，但它一般是在整个营销策划做完以后才写出来的。摘要的撰写要求简明扼要，篇幅不能过长。

五、正文

这是营销策划书最重要的部分。正文主要包括以下几个方面内容。

（一）营销策划目标

这要求明确营销策划所要达到的目标、宗旨，以要求全员统一思想、协调行动、共同努力，从而保证策划高质量地完成。

营销策划目标中存在的问题纷繁多样，概括起来，主要有以下六个方面：

第一，企业开张伊始，尚无一套系统的营销方略，因而需要根据市场特点策划出一套营销计划。

第二，企业发展壮大，原有的营销方案已不适应新的形势，因而需要重新设计新的营销方案。

第三，企业改变经营方向，需要相应地调整营销策略。

第四，企业原营销方案存在严重失误，不能再作为企业的营销计划。

第五，市场行情发生变化，企业原营销方案已不适应变化后的市场。

第六，企业在总的营销方案指导下，需在不同的时段根据市场特征和变化行情，设计新的阶段性方案。

（二）环境分析

营销策划应以环境分析为出发点，这是营销策划的依据与基础。环境分析包括外部环境与内部环境分析两个方面，其重点是对同类产品的市场状况、竞争状况及宏观环境进行分析，它能为制定相应的营销策略、采取正确的营销手段提供依据。

1. 对当前的市场状况及市场前景进行分析

第一，产品的市场性、现实市场及潜在市场状况。

第二，市场成长状况。产品目前处于市场生命周期的哪一个阶段，对于处在不同阶段的产品，公司的营销有何侧重点，相应的营销策略效果怎样。

第三，消费者的接受情况。这一内容需要策划者凭借已掌握的资料进行分析。

2. 对主要竞争对手进行分析

这是营销策划一个很重要的部分，需要对提供相同产品或类似服务的竞争对手做一个细致的分析。有针对性地评估它们的优势和劣势，以帮助企业在竞争中取胜。

3. 对产品市场的影响因素进行分析

这主要是对影响产品的不可控因素进行分析，如宏观环境、政治环境、居民经济条件、消费者收入水平、消费结构的变化、消费心理等。对一些受科技发展影响较大的产品，如计算机、家用电器等产品的营销策划，还需要考虑技术发展趋势的影响。

（三）SWOT 分析

SWOT 分析是通过对企业的优势、劣势和机会、威胁进行分析，发现市场机会和企业存在的营销问题。

营销方案是对市场机会的把握和策略的运用，因此，分析市场机会就成了营销策划的关键。只要找准了市场机会，策划就成功了一半。

1. 针对产品的营销现状进行问题分析

一般在市场营销中存在的问题表现为以下几个方面：

第一，企业知名度不高、形象不佳，影响产品销售。

第二，产品质量不过关、功能不全，被消费者冷落。

第三，产品包装太差，提不起消费者的购买兴趣。

第四，产品价格定位不当。

第五，销售渠道不畅，或渠道选择有误，使销售受阻。

第六，促销方式不当，导致消费者不了解企业产品。

2. 针对产品的特点进行优势、劣势分析

从问题中找劣势予以克服，从优势中找机会发掘其市场潜力。在分析各目标市场或消费群体特点的基础上进行市场细分，对不同的消费需求尽量予以满足，抓住主要消费群体作为营销重点；找出与竞争对手的差距，把握并利用好市场机会。

（四）营销战略

营销战略是企业的营销目标和营销任务，主要包括市场细分、选择目标市场和市场定位。

(五)营销组合策略与具体行动方案

在企业营销战略目标的基础上,必须非常清楚地提出当前的营销宗旨、营销组合策略与具体行动方案。与治病一样,在制定营销组合策略及行动方案时,“对症下药”及“因人制宜”是两条基本原则。在这里特别要注意的是,避免人为提高营销目标及制定难以实施的行动方案。可操作性是衡量这部分内容的主要标准。

在制定策划方案的同时,还必须制定一个时间表作为补充,以使行动方案更具可操作性,这样可提高策划的可信度。这部分内容主要包括下述几个方面。

1. 营销宗旨

企业一般应当注重以下几个方面:

第一,以强有力的广告宣传攻势顺利拓展市场,为产品准确定位,突出产品特色,采取差异化营销策略。

第二,以产品主要消费群体为营销重点。

第三,建立点广、面宽的销售渠道,不断拓宽销售区域。

2. 产品策略

通过前面对产品的市场机会与问题的分析,提出合理的产品策略建议,形成有效的4P组合,以达到最佳效果。

第一,产品定位。产品市场定位的关键是在顾客心目中寻找一个空位,抓住机会使产品迅速启动市场。

第二,产品质量功能方案。产品质量是产品的市场生命,企业对产品应有完善的质量保证体系。

第三,产品品牌。要形成一定的知名度、美誉度,在消费者心目中树立良好的品牌形象,必须要有强烈的品牌意识。

第四,产品包装。包装是产品给消费者的第一印象,因此需要制定能迎合消费者、使消费者满意的包装策略。

第五,产品服务。策划中要注意产品服务方式、服务质量的改善和提高。

3. 价格策略

这里只强调几个关于价格策略的普遍性原则。

第一，合理的批零差价，调动批发商、中间商的积极性。

第二，给予适当价格折扣，鼓励多购。

第三，以成本为基础，以同类产品价格为参考，使产品价格更具有竞争力。

若企业以产品价格为营销优势，则更应注重价格策略的制定。

4. 销售渠道

在这里，主要应分析目前产品的销售渠道状况如何，对销售渠道的拓展有何计划。应采取一些实惠的政策鼓励中间商、代理商的销售积极性，或制定适当的奖励政策。

5. 促销策略

促销策略包括公共关系、营业推广、广告宣传、人员推销四个部分。以广告宣传策略为例，广告宣传要遵循以下几项基本原则。

第一，服从企业整体营销宣传策略，树立产品形象，同时注重树立企业形象。

第二，长期化。宣传商品个性的广告不宜变来变去，变多了，消费者反而难以对商品留下深刻印象，老主顾也会觉得陌生，所以在一定时段内应推出一致的广告宣传。

第三，广泛化。选择广告宣传的媒体要多样化，同时还要注重抓宣传效果好的方式。

第四，不定期地配合阶段性的促销活动，掌握适当时机，及时、灵活地进行宣传，如重大节假日等。

广告宣传可按以下方式实施：策划前期推出产品形象广告；稍后适时推出诚征代理商广告；节假日、重大活动前推出促销广告；把握时机进行公关活动，接触消费者；积极利用新闻媒介，善于创造、利用新闻事件提升企业产品的知名度。

6. 具体行动方案

根据策划期内各时间段特点，推出各项具体行动方案。行动方案要细致、周密，操作性强又不乏灵活性。此外，还要考虑费用支出，一切量力而行，以较低费用取得良好效果为原则。尤其应注意季节性产品淡、旺季营销的侧重点，抓住旺季营销机会。

（六）策划方案各种费用预算

这一部分记录的是整个营销方案推进过程中的费用投入，包括营销过程中的总费用、阶段费用、项目费用等，其原则是以较少投入获得最优效果。

（七）实施方案控制

实施方案控制作为策划方案的补充部分，应明确对方案实施过程的管理方法与措施。对实施方案的控制的设计要有利于决策的组织与施行。在方案执行中可能出现与现实情况不相适应的地方，因此必须根据市场反馈及时对行动方案进行调整。

方案的实施与控制是否应该算作营销策划的内容，在实践中有两种不同的观点：一种观点认为，策划案完成并得到企业批准，营销策划即告完成；另一种观点则认为，策划案完成后的方案实施也是营销策划的内容。但不管持哪种观点，客观的事实是，策划案的实施往往少不了策划专家的参与指导，除非所策划的问题比较简单，方案实施过程中不涉及技术性问题或没有碰到意外困难。而这种情况一般是比较少见的，尤其当企业委托专家策划时，往往是因为面临的问题较大，或者是重大的策划项目。

从某种程度上说，策划方案的实施工作难度并不亚于方案的策划。因为方案在实施过程中可能会碰到很多困难，出现一些意想不到的问题，需要付出艰辛的努力。因此，方案实施过程中要做好以下几方面工作。

1. 做好动员和准备工作

新营销方案的出台往往牵一发而动全身，而且营销方案的实施需要把任务分解到企业的各相关部门去执行。因此，实施之前要做好动员工作，从思想上高度重视，做到全员认识一致。同时要做好相应的准备工作，如人员配备、设施添置、资金调度，及对执行新业务人员的培训等。

2. 选择好实施时机

方案的实施要精心选择好时机，瞄准后再出击。如策划的广告方案在恰当的宣传时机推出,效果会更好。时机选择得准,往往能取得事半功倍的效果;贻误时机,则有可能前功尽弃。

3. 加强实施过程中的调控

在方案实施过程中,首先,要做好任务分解,落实人员,明确责任,熟悉业务操作规程和操作要求。其次,要加强协调,市场营销是一个有机联系的系统,如果企业部门之间、团队成员之间协作不够,往往一处梗阻,便会造成全线瘫痪。最后,要加强检查和评估。要检查方案的执行情况、实施进度等。如果发现设计方案存在不足,要及时对方案做必要的调整。

六、结束语

结束语一般是对整个策划的要点进行归纳总结,一方面突出策划要点,另一方面与前言相呼应。在撰写结束语时,策划者要回答这样一个问题:策划能否及怎样解决前面提出的营销问题?如果不能很好地回答这一问题,那么,整个策划逻辑就值得怀疑。

结束语属于“画龙点睛”之笔,绝非可有可无。

第三节　营销策划书的撰写原则与技巧

营销策划书,也称营销策划文案,是营销策划的文字报告形式。营销策划文案形式上要规范、鲜明、具体,具有形象性和可操作性。文案的篇幅要与策划内容的繁简相一致,文案的形式要图文并茂,文案的语言要简约、流畅、生动,文案的结构要严谨、完善、层层递进、环环相扣、彼此照应。

一、营销策划书的撰写原则

为了提高营销策划书撰写的准确性与科学性,应把握其编制的几个主要原则。

(一)逻辑性原则

策划的目的在于解决企业营销中的问题,必须按照逻辑性思维的构思来编制策划书。首先,设定情况,交代策划背景,分析产品市场现状,再把策划的中心目的和盘托出;其次,详细阐述具体的策划内容;最后,明确提出解决问题的对策。

(二)可操作原则

策划书用于指导营销活动,涉及营销活动中的每个人的工作及各环节的关系处理,因此其可操作性非常重要。不能操作的方案,创意再好也无任何价值。实施不易于操作的策划方案,也必然要耗费大量人力、财力、物力,管理困难,效果不明显。

(三)创意新颖原则

策划要求"点子"(创意)新、内容新,表现手法也要新,给人以全新的感受。新颖的创意是策划书的核心内容。

二、营销策划书的撰写技巧

(一)合理使用理论依据

要提高营销策划内容的可信性,更有力地说服阅读者,就要为策划者的观点寻找理论依据,这是一个事半功倍的有效办法,但要防止纯粹的理论堆砌。

(二)适当举例说明

在营销策划书中加入适当的成功与失败的例子,以举例来证明自己的观点,既可以充实内容,又能增强说服力。在具体使用时一般以多举成功的例子为宜。同时选择国内外一些先进的经验与做法,支持自己的观点,效果也非常明显。

(三)充分利用数字说明问题

策划报告书是为了指导企业进行营销实践,必须保证其可靠程度。营销策划书的内容应有根有据,任何一个论点最好都要有依据,而数字就是最好的依据。在营销策划书中利用各种绝对数和相对数来进行比较对照是必不可少的,而且各种数字都要有可靠的出处。

（四）运用图表帮助理解

图表具有强烈的视觉效果，并且比较直观，所以利用图表的形式进行比较分析、概括归纳、辅助说明等非常有效，有助于阅读者理解策划的内容。

（五）合理设计版面

策划书视觉效果的优劣在一定程度上影响着策划效果的发挥，所以合理设计版面也是撰写策划书的技巧之一。版面设计包括字体、字号、字距、行距的设置及插图和颜色的使用等，旨在使策划书重点突出，层次分明，严谨而不失活泼。

（六）注意细节，消灭差错

细节往往会被人忽视，但是对于策划报告书来说，细节则十分重要。一是策划书中如果出现错字、漏字就会影响阅读者对策划者的印象。二是企业的名称、专业术语不得有误。三是一些专业的英文单词差错率往往很高，在检查时要特别予以注意。如果出现差错，阅读者往往会以为是由于撰写人本身的知识水平不高所致，这就影响了对策划内容的信任度。四是纸张的好坏、打印的质量等都会对策划书本身产生影响。

第四章　市场营销战略策划

第一节　市场营销战略策划概述

一、市场营销战略策划的定义

市场营销战略策划是对企业市场营销战略的谋划和规划，企业为实现一定的营销目标而设计和制订带有全局性、长远性和根本性的行动纲领和方案。

二、营销战略策划的特征

（一）全局性

市场营销战略策划的制订事关企业整体和全局。营销战略策划反映了企业高层领导对企业长远发展的战略思想，对企业的各项工作具有权威性的指导作用。

（二）长远性

营销战略策划是基于企业适应未来环境的变化而制订的一个相当长时间内的指导原则和对策。

（三）导向性

营销战略策划不仅规定和指导企业一定时期的市场营销活动，而且规定和指导企业的一切生产经营活动。

（四）竞争性

营销战略策划的制定是基于对国内外市场竞争格局的认识，就如何使企业在竞争中保持优势,立于不败之地所进行的筹划。

(五)原则性

营销战略策划规定了企业在一定时期内市场营销活动的方针,一方面,为企业各个方面的工作制定了可供遵循的基本原则;另一方面,由于战略更多考虑的是面对未来较长时期的营销决策,不可能对具体的营销活动进行细致的策划,因而只能是“粗线条”的决策和筹划,由此决定了营销战略所具有的原则性。

(六)稳定性

营销战略作为一定时期企业经营活动必须遵循的方针和原则,具有稳定性的要求。它是企业高层领导者通过对企业外部环境和内部资源进行认真分析和研究后所做出的慎重决策,不能随意更改。

第二节 市场营销战略策划的环境分析

一、影响市场营销战略策划的宏观环境

宏观市场环境是企业外在的不可控因素,是对企业营销活动造成市场机会和环境威胁的主要社会力量。企业一般只能通过调整企业内部人、财、物及产品定价促销渠道等可以控制的因素来适应其变化和发展。

宏观市场环境主要包括自然环境、政治法律环境、经济环境、社会文化环境、科学技术环境等环境因素。

(一)自然环境

自然环境主要指营销者所需要或受营销活动所影响的自然资源因素。在生态环境不断遭到破坏,自然资源日益枯竭,环境污染问题日趋严重的今天,自然环境已成为涉及各个国家、各个领域的重大问题,环保呼声越来越高。

从营销学的角度看,自然环境的发展变化,给企业带来了一定的威胁,同时也给企业创造了机会。

目前看，自然环境有以下四个方面的发展趋势。

1. 原料的短缺或即将短缺

各种资源，特别是不可再生类资源已经出现供不应求的状况（如石油、矿藏等）对许多企业形成了较大威胁，但对致力于开发和勘探新资源、研究新材料及如何节约资源的企业又带来了巨大的市场机会。

2. 能源短缺导致的成本增加

能源的短缺给汽车及其他许多行业的发展造成了巨大困难，但无疑为开发研究如何利用风能、太阳能、原子能等新能源及研究如何节能的企业提供了有利的营销机会。

3. 污染日益严重

空气、海河水源污染、土壤及植物中有害物质的增加；随处可见的塑料等包装废物及污染层面日益升级的趋势，使那些造成污染的行业、企业成为众矢之的面临着环境威胁，而那些致力于控制污染，研究开发不会造成污染的产品及其包装物的企业，能够最大限度降低环境污染程度的行业及企业，则有着大好的市场机会。

4. 政府对自然资源加大管理及干预力度

各国政府从长远利益及整体利益出发，对自然资源的管理逐步加强。许多限制性的法律法规的出台，对企业造成了巨大的限制及压力，同时也给许多企业创造了发展良机。

作为营销者的营销活动，既受自然环境的制约与影响，也要对自然环境的变化负起责任。既要保证企业可获利发展，又要保护环境与资源，企业只有实施可持续发展战略，达成与社会、自然的协调才能做到。

当前社会上流行的绿色产业，绿色消费乃至绿色营销及生态营销的蓬勃发展，应当说就是顺应了时代要求而产生的。

（二）政治与法律环境

从国内来说，政治法律环境主要指国家的方针、政策、法令、法规及其调整变化对企业营销活动的影响。企业的营销活动作为社会生活组成部分,总是要受到政治法律环境的影响和制约。国家的方针政策,不仅规定了国民经济的发展方向和速度,也直接关系到社会购买力的提高与市场消费需求的增长状况。国家的法律法规,特别是与经济相关的立法,不仅规范着企业的行为,也会使消费需求的数量、质量和结构发生变化,将直接鼓励或限制某些产品的生产与销售。

从国际上说,政治法律环境主要涉及政治权利和政治冲突问题。特别是在经济全球化的趋势下,认真了解、追踪这两者对企业营销活动的影响,随时准备应对相关国际政治法律环境的变化,及时调整自己的营销策略显得更为重要。

(三)经济环境

经济环境主要是指企业市场营销战略策划时所面临的外部社会经济条件,具体主要表现在社会购买力方面。影响购买力水平的因素主要是消费者收入、消费者支出、消费信贷及居民储蓄、币值等因素,而消费者的收入水平是影响企业进行市场营销战略策划最重要的因素。

1. 消费者收入

消费者收入主要是指消费者的实际收入。营销人员应注意实际收入的变动趋势,同时还应注意人均收入和收入的分配。

2. 消费者支出

消费者支出主要是指支出结构或需求结构的变化对市场营销的影响。消费者支出主要取决于消费者的收入水平。消费者的货币收入扣除各种税金后,即构成“可支配的个人收入”,若再扣除衣食住等基本生活开支,即构成“可随意支配的收入”。

3. 消费信贷及居民储蓄

当消费者的收入一定时,储蓄数量越大,现实支出数量就越小,从而影响企业的销售量。同时,居民储蓄越多,潜在购买力越强。因此,市场营销人员必须了解影响居民储蓄的诸多因素,还应了解消费者储蓄目的的差异。以便准确地预测消费需求发展趋势和发展水平,寻求新的市场机会。

(四)社会文化环境

社会文化环境主要是指一个国家、地区或民族的传统文化,如风俗习惯、伦理道德观念、价值观念等。传统文化是经过千百年逐渐形成的,它影响和制约着人们的行为,包括消费行为。市场营销者在产品和商标的设计、广告和服务的形式等方面,要充分考虑当地的传统文化,要研究不同社会阶层和相关群体的需求特点和购买者行为。由于不同社会阶层需求不同,各种档次、各种类型的产品都有一定的市场。

营销人员对文化环境的研究,一般从几个方面入手:教育状况、宗教信仰、生活方式、风俗习惯、价值观念、审美观念、亚文化群等。

(五)技术环境

技术环境是指由于技术因素而引起的对生产力从而对市场营销所带来的影响,集中表现在进一步缩短了产品生命周期,使得产品的更新速度加快,同时给人们的生活方式、消费模式和消费需求结构方面带来了深刻变化,从而影响企业的营销战略策划。

人类社会的文明与进步是科学技术发展的历史,是科技革命的直接结果。科学技术对企业市场营销的影响是多方面的。从人类历史来看,每一种新技术的出现,都会直接或间接地带来国民经济各部门的变化与发展,带来产业部门间的演变与交替,随之而来的是新产业的出现,传统产业的改造,落后产业的淘汰,并使消费对象的品种不断增加,范围不断扩大,最终必然使消费结构发生变化。例如,在电子工业出现之前,消费结构中就没有收音机、电视机、录音机之类的产品;正是由于合成化学技术的出现,合成纤维、合成橡胶、合成染料、合成药物工业形成,才使新产品源源不断地涌现,推动了消费结构的变化;而新技术革命(第四次产业革命),则出现了以电子、生物工程等新兴科学为代表的工业技术的迅速发展,同样带来了社会生产方式、人们思维方式及消费习惯、生活方式的历史性变化,最终必将对市场带来极其深刻的影响。

从目前来看,IT 的介入已经使零售商业业态结构及消费者购物习惯发生了改变,同时也对经营管理者提出了新的要求。

因此,企业在研究科学技术环境时,要特别注意新技术革命对市场营销的影响. 密切关注新技术革命的发展变化,及时地跟上新技术革命的大趋势,才能求得生存与发展。

二、影响市场营销战略策划的微观环境

市场的微观环境,是市场营销学的一个重要的研究领域。通常的研究把市场营销环境分为可控因素和不可控因素。不可控因素指政治、法律、人口、经济、科学技术、社会文化等宏观因素;可控因素指的是影响企业营销的全部内部因素,主要内容是产品、定价、渠道、促销。其实,介于这二者之间还有一个微观环境的问题。

微观环境是指企业内部环境、企业的市场营销渠道、企业竞争者、顾客和各种公众等因素。

虽然微观环境与宏观环境都是影响企业的外部因素的集合,但两者是有区别的:第一,微观环境对企业市场营销活动的影响比宏观环境更为直接;第二,微观环境中的一些因素在企业的努力下可以不同程度地得到控制。把市场营销环境分为宏观环境与微观环境,有利于区别和掌握两类不同环境对市场营销活动的作用程度。

(一)企业内部环境分析

企业内部环境分析也可称为企业内部条件分析,其目的在于掌握企业现状,找出影响企业进行市场营销战略策划的关键因素,辨别企业的优势和劣势,以便寻找外部发展机会,确定企业市场营销战略。

1. 企业资源分析

企业的任何活动都需要借助一定的资源来进行,企业资源的拥有和利用情况决定其活动的效率和规模。企业资源包括人、财、物、技术、信息等,可分为有形资源和无形资源两大类。

2. 企业文化分析

企业文化分析主要是分析企业文化的现状、特点及它对企业活动的影响。企

业文化是企业战略制定与成功实施的重要条件和手段，它与企业内部物质条件共同组成了企业的内部约束力量，是企业环境分析的重要内容。

3. 企业能力分析

企业能力是指企业有效地利用资源的能力。拥有资源不一定能有效运用，因而企业有效地利用资源的能力就成为企业内部条件分析的重要因素。

(二)企业的市场营销渠道

1. 供应商

供应商是指向企业及其竞争者提供生产经营所需资源的企业或个人。供应商所提供的资源主要包括原材料、零部件、设备、能源、劳务、资金及其他用品等。供应商对企业的营销活动有着重大的影响。供应商供货的稳定性与及时性、供货的价格变动和供货的质量水平等因素将对企业市场营销战略策划产生影响。

2. 中间商

中间商是协助企业寻找消费者或直接与消费者进行交易的商业企业，包括代理中间商和经销中间商。代理中间商不拥有商品所有权，专门介绍客户或与客户洽商签订合同，包括代理商、经纪人和生产商代表。经销中间商购买商品并拥有商品所有权，主要有批发商和零售商。

3. 辅助商

辅助执行中间商的某些职能，为商品交换和物流提供便利，但不经营商品的企业或机构，如物流公司、营销服务机构、金融中介机构等。

(三)顾客市场

顾客是企业服务的对象，也是营销活动的出发点和归宿，它是企业最重要的环境因素。按照顾客的购买动机，可将国内顾客市场分为消费者市场、生产者市场、中间商市场、政府市场和国际市场五种类型。

(四)竞争者

竞争者是指与企业存在利益争夺关系的其他经济主体。市场营销观念表明,企业要想在市场竞争中获得成功,就必须能比竞争者更好地满足消费者的需求与欲望。因此,企业所要做的并非仅仅迎合目标顾客的需求,而是通过有效的产品定位,使得企业的产品与竞争者产品在顾客心目中形成明显差异,从而赢得竞争优势。

(五)公众

公众是指对企业实现营销目标的能力有实际或潜在利害关系和影响力的团体或个人,如银行、投资公司、证券经纪公司、保险公司等影响企业融资能力的金融机构,对企业的形象及声誉建立具有举足轻重作用的大众传播媒介,相关政府机构,相关社团组织等。

第三节　市场营销战略策划的选择

一、稳定战略

稳定战略又称防御型战略,是以保持原有的业务经营水平为主要目标的一种战略。企业通过详细的分析市场环境和内部条件后,如果发现业务的增长面临困难,即使投入大量资金并对企业的各项资源进行有效的配置,仍然难以为企业的业务增长找到与之相匹配的市场机会,可以采用这种战略,维持现有的业务经营水平,或求得较少的增长。

二、发展战略

发展战略是指企业在现有市场基础上,开发新的目标市场的一种战略,企业可供选择的市场发展战略包括密集性发展战略、一体化发展战略、多元化发展战略三种基本类型。

(一)密集性发展战略

当企业现有产品和现有市场还有发展力,企业尚未完全开发出潜在的产品和市场的机会,则要采取密集性发展战略。这种战略包括以下三种类型:

1. 市场渗透

市场渗透即企业采取更积极的销售措施,在现有的市场增加现有的产品销售。这种销售又包括以下三种具体形式:

第一,采取降价和增加销售网点等办法,千方百计让现有顾客多购买本企业的现有产品。

第二,加强促销活动或增加产品的品种,把竞争者的顾客吸引过来,让他们购买本企业现有的产品。

第三,采取提供样品等活动,想办法在现有市场上把产品卖给那些从未买过本企业产品的顾客。

2. 市场开发

市场开发即企业采取种种措施,千方百计在新市场上扩大现有产品的销售。它的具体形式有两种:

第一,扩大销售区域。可以从区域性销售扩大到全国性销售,也可以从国内销售扩大到国际市场销售。

第二,进入新的细分市场。可以根据消费者的需要,增加产品的新设计,利用新的销售渠道和广告宣传,满足新市场未满足的需求。

3. 产品开发

产品开发即企业在现有市场提供新产品或改进的产品,如增加花色品种、规格型号等,以满足顾客的需要,扩大销售。

(二)一体化发展战略

企业在以下情况下采用一体化发展策略:企业面临的行业很有发展前途,而且企业在供、产、销等方面实行一体化能提高发展效率，加强控制，扩大销售，增加赢利，从而提高经济运作效率。具体包括以下三种类型：

1. 后向一体化

就是企业收买或合并原材料供应商，从过去向供应商购买原材料改变为自己生产原材料，实行供产联合。一些大型零售公司和连锁超市不仅设有中央采购配运中心，自己采购货物，集中供应其所属的零售商店，实行批零一体化，而且拥有许多工厂，自己生产所经营的商品，实行商工一体化，他们这样控制其供应系统也是一种后向一体化。

2. 前向一体化

前向一体化即企业收买或合并批发商、经营商或零售商，产销联合，自产自销，实行产销一体化。

3. 水平一体化

水平一体化即企业收购、兼并竞争者的同种类型的企业，如某家大公司收购、兼并若干小公司，或者与其他同种类型企业合资生产经营，这些都是水平一体化。

（三）多元化发展战略

这是企业尽量增加产品种类，实行跨行业生产经营多种产品和业务的一种战略。如果企业所在行业缺乏有利的市场机会，或其他行业具有更大的吸引力，可以实行多元化发展策略。这种策略有以下三种类型：

1. 同心多元化

同心多元化即以现有产品为中心向外扩展业务范围，利用现有的技术、特长和营销力量，逐渐开发与现有产品近似的或同一类的产品，吸引更多的新顾客。

2. 水平多元化

水平多元化即企业利用原有市场的优势，采用不同的技术开发新产品，增加产品种类和品种。

3. 集团多元化

集团多元化即大企业通过收购、兼并其他行业的企业，或者在其他行业投资，把业务扩展到其他行业中去，新产品、新业务与公司现有的产品、技术、市场均无联系。

三、收割战略

收割战略也称缩减战略，是以短期利润为目标的一种营销战略。战略决策者考虑的不是某种产品或业务未来的长期发展，而是如何增加产品短期的投资收益率，以谋求尽可能多的现金收入。采取这一策略的原因主要在于：企业现有产品或业务组合中的某个或某几个的状况不佳，且已无发展潜力，企业通过大幅度裁减其投资，用某些短期性的营销行为来谋求短期利益，以便有利于优化企业现有的产品组合，促进企业的不断发展。

四、撤退战略

撤退战略，是将现有产品或业务从现有市场退出的一种战略。如果某项业务已经没有增长潜力，或者从事这项业务会妨碍企业进一步增加盈利，可以考虑采用这种战略。

撤退战略通常有临时性撤退、转移性撤退和彻底性撤退三种类型。产品销售不佳，企业暂时停止经营，待查明原因对产品进行改进营销策略后，再生产投放市场，争取赢得用户的欢迎，这是临时性的撤退战略。在市场上，往往有这样一种情况，在甲地滞销的产品，在乙地却十分畅销。在这种情形下，企业从原市场退出，去开发其他吸引力较强的新市场，这就是转移性撤退战略。企业放弃原经营方向，转向生产经营其他范围的产品（或业务），这也是转移性撤退战略。彻底性撤退战略，是指企业针对处于衰退期的老产品，或是刚上市但已表明“不对路”而过早夭折的新产品，采取断然退出市场的战略。

第五章　产品策划

第一节　产品组合策划

随着消费者需求日益多变，企业一方面要从大批量生产中获得较大的经济效益；另一方面要发展多种产品以适应消费者需求的变化。因此，如何在生产经营中进行恰当的产品搭配和组合即成为企业在经营决策中面对的重要问题。

一、产品组合的基本概念

产品组合是指某一企业所生产或销售的全部产品大类、产品项目的组合。产品大类又称产品线，是指产品类别中具有密切关系（或经由同种商业网点销售，或同属于一个价格幅度）的一组产品项目。而产品项目又称产品品种，是指某一品牌或产品大类内以价格、外观及同性来区别的具体产品。

产品组合有四个重要维度：宽度、长度、深度和关联性。所谓产品组合的宽度，是指一个企业有多少产品大类。所谓产品组合的长度，是指一个企业的产品组合中包含的产品项目总数。所谓产品组合的深度，是指产品大类中有多少种不同花色、品种、规格的产品项目。所谓产品组合的关联性，是指一个企业的各种产品大类在最终使用、生产条件、分销渠道等方面的密切相关程度。

产品组合的宽度、长度、深度和关联性在市场营销战略上具有重要意义。这些产品组合的维度向我们展示了企业产品战略的处理方法。企业可以增加新产品线，从而拓宽产品组合。企业也可以延长已有的产品线从而成为产品线更加完整的企业。或者企业可以为每个产品引进更多的类型以增加其产品组合的深度。最后，企业可以追求更强或更弱的产品线关联性，这取决于它是希望能够在单个领域还是在众多领域中赢得好声誉。

二、产品组合策划

产品组合策划是指企业根据经营目标和经营实力，对产品组合的广度、深度和密度进行最优组合。策划可分为优化现有产品组合和规划未来产品组合两个部分。

(一)优化现有产品组合

企业必须对现行产品组合做出系统分析和评价,并决定加强和剔除某些产品线、产品项目。优化产品组合的过程一般包括以下两个步骤。

1. 产品线销售额和利润分析

产品线销售额和利润分析主要分析、评价现行产品线上不同产品项目所提供的销售额和利润水平。例如,一条拥有 5 个产品项目的产品线。第一个项目的销售额和利润分别占整个产品线的 50%和 30%,第二个产品项目的销售额和利润均占整个产品线的 30%。如果这两个项目突然受到竞争者的打击,整条产品线的销售额和利润就会迅速下降。因此,一条产品线的销售额和利润高度集中在少数产品项目上,则意味着产品线比较脆弱。为此,企业要细心加以保护,并努力发展具有良好前景的产品项目来分担风险。当然对于无发展前景的产品项目(一般这类产品项目的销售额和利润占整个产品线的 5%以下),经过衡量,可以剔除。

2. 产品项目市场地位分析

产品市场地位分析是指将产品线中各产品项目与竞争者的同类产品进行对比分析,全面衡量各产品项目的市场地位。

(二)规划未来产品组合

针对未来产品组合采取的策划主要有以下几个方面。

1. 扩大或缩减产品组合的宽度,即增加或减少其所拥有的产品线的数量

当企业预测现有产品线的销售额和盈利率在未来一段时间可能下降时加新的产品线。当市场不景气或能源、原材料供应紧张时,缩减组合中获利小的产品线,可以使企业集中资源,发展获利多的产品。扩大产品组合的宽度,有利于企业充分利用现有资源,发掘生产潜力,更广泛地满足各类需求,占有更宽的市场面。

缩减产品组合的宽度,便于企业集中力量,实行专门化生产或经营,更深入地满足某一类需求,容易管理,但风险加大。

2. 扩大或缩小产品组合的长度,即增加或减少产品的品种数量

产品种类越多,产品线越长,越有利于满足需求的选择性;但是产品线越长越可能分散企业的注意力和企业的资源。较短的产品线或产品组合,有利于大批量生产和销售,避免脱销的竞争或市场的需求发生变化时,企业将陷入危险的境地。

3. 扩大或缩小产品组合的深度,即从增加或减少产品的花色、规格的角度,考虑调整产品组合

一般来说,当企业打算增加产品特色,或为更多的细分市场提供产品时,可以选择在原产品线内增加新的花色品种。当企业在市场上处于劣势,或能源、原材料供应紧张时,可以选择在原产品线内缩减产品项目。

4. 提高或降低产品组合的关联度,即提高或降低各产品线的相关程度

产品组合的密度越大,产品组合中各产品线的相关程度越多,有利于巩固企业在行业中的地位,充分利用现有的生产条件、市场营销条件,产品组合相对较好管理;但是过密的产品组合密度会增加企业的生产运营成本,而且当产品组合中的某个产品获得较坏的名声时会影响其他产品的销售。

产品组合的密度越小,产品线之间的相似性越低,企业所涉及的生产领域或行业广泛,市场多角化,会加大产品组合管理难度,提高管理费用,所以中小企业应较多地选择提高产品组合密度的方案。

第二节　新产品开发与上市策划

随着客户需求的快速变化,产品的市场寿命周期越来越短,“非创新,即死亡”,很自然成为诸多企业家的共识。要想守住并扩大自己的市场份额,必须不断推出新产品。但是新产品的开发又有很大的风险(包括开发过程和产品推广的风险)。因此,企业对于新产品的开发和推广必须进行周密的策划。

一、新产品开发的趋势

(一)新产品的概念与分类

从市场营销角度看，新产品是一个相对广泛的概念，既指绝对的新产品，又指相对的新产品；既可以对市场而言，又可以对企业而言。也就是说，只要是产品整体概念中任何一个要素的创新、变革或改造，都可以被理解为新产品。所以，这里所谓的新产品是指在企业经营活动中一切新开创的产品，包括全新新产品，还包括现有产品的改进、竞争产品的仿制和产品线的增设等。它大体可分为四种。

1. 全新新产品

全新新产品是指采用新原理、新结构、新技术、新材料等制成的新产品。例如：1867—1960 年世界公认的新产品有电子计算机、真空管、打字机等。

2. 换代新产品

换代新产品是指在原有产品基础上，部分采用新技术、新材料制成的，性能有显著提高的新产品，也称部分新产品。例如：从普通电熨斗到蒸汽电熨斗，从普通电话机到可视电话机等。

3. 改良新产品

改良新产品是指采用各种改良技术，对现有产品的性能进行改进，提高其质量，以求得规格型号的多样和款式花色的翻新。比如潜水手表、药物牙膏等。

4. 仿制新产品

仿制新产品是指市场上已有同类产品，本企业仿制竞争者的产品，也称本企业的新产品。比如 20 世纪 90 年代上海某品牌饮用水推出之后深受广大消费者的喜爱，于是，各种品牌的饮用水纷纷登台亮相。

(二)优秀新产品开发趋向

1. 高性能化

采用高新科技开发有时代超前特征的新产品,实现产品的高性能化,引导消费新潮,是现代产品开发的一大趋势。美国通用汽车公司推出的一种"网络汽车",就是一种高性能化的超前产品。人们可以在汽车中上网收发电子邮件、查询股市行情、了解天气情况、或收听新闻。这种汽车可以声控上网,人们只要发出口令无须动手或转向,即可实施上述功能。

2. 多功能化

所谓多功能化就是增加产品功能,由单一功能产品发展成为多用途、多功能的产品。如电视机改进为收、录、看、唱多功能。

3. 微型化

产品微型化是指利用新技术、新材料、新工艺,简化产品结构,缩小产品体积,达到高性能、紧结构、小体积、轻重量。

4. 方便化、简便化

现在人们更注重产品使用的方便性。如数码照相机、手机、模糊洗衣机等的发展正说明了这一点。

5. 节能化

由于能源紧张,因此节电、节煤、节油、节水、节气的节约性产品是产品开发的重要方向。

6. 多样化、系列化

以某一特征为主线,推出系列产品,是新产品开发的一种常用方法。这一方法对于培养消费群体、扩大销售具有积极的意义。如采用多样化的加工技术,开发多样化、系列化的蔬菜新品。除速冻蔬菜、罐头蔬菜、脱水蔬菜外,还有粉末蔬菜、汁液蔬菜、辣味蔬菜、美容蔬菜等。

7. 知识化、智慧化

所谓“知识和智慧的价值”是日本学者界屋太一在其著作《知识价值革命》一书中提出的概念。他认为：在产品中包含着两部分价值，一部分是由人的体力劳动创造的原材料价值和产品的加工费；另一部分是由人的脑力劳动创造的包含在产品中的技术、样式和格调的价值，这后一部分价值就是“知识与智慧的价值”。例如许多传统产品采用高新技术后，成本提高了10%～25%，售价却提高了70%～150%。新开发出的高技术产品价格还要高。

8. 人性化、情感化

现在许多产品的开发十分重视个性化，以情动人，以情感人。例如，美国宝洁公司在中国市场推出的洗发香波的诸品牌都被赋予鲜明的个性：飘柔——使头发光滑柔顺；潘婷——为头发提供营养保健；海飞丝——头屑去无踪，秀发更出众等。

二、新产品开发的方式

随着合作共赢观念在企业经营活动中的深入，企业要开发新产品，并不一定必须由企业独立完成整个创意生产过程。除了自己开发外，企业也可以考虑借助外部力量获得帮助。

（一）自己开发

自己开发可以分为以下两种基本形式。

1. 独立研发

企业通过自己的研究开发力量完成产品构思、设计和生产工作。

2. 协约开发

雇用独立的研究开发机构或企业专门为自己开发某种产品。与独立研发相比,协约开发主要的优势在于可以克服企业自身在研发技术力量上的不足。但独立研发,可以对产品进行有效的控制,包括产品的质量、品牌甚至价格。

(二)获取外部现成的新产品

这种方式包括以下几种类型。

1. 联合经营

如果小企业开发出一种新产品,另外的一家大企业就可以通过联合的方式共同经营该产品。小企业可以借助大企业的实力扩大产品的影响力,提高自身的知名度,也可以尽快收回开发费用,分担风险;大企业则节省了开发费用。

2. 购买专利

这种方式是指企业向科研部门、开发公司或别的企业购买新产品的专利权,目的主要是节省时间,在竞争中占据优势,但费用会比较高。

3. 外包生产

一般来说,当企业的生产能力不足或觉得自己生产的成本较高时,会把新产品的生产外包给别的企业,可以全部外包、部分外包。

三、新产品开发程序

新产品开发是一项复杂又极具风险的工作,它直接关系到企业经营的成功与否。据统计,开发新产品从构思到投入市场,成功率只有1%～2%。因此,为了提高新产品开发的经济效益,必须按照一定的科学程序来进行。新产品开发的主要流程是:产品新构思—筛选构思方案—建立产品概念—商业分析—开发研制—市场试销—正式上市。

(一)产品创意生成

产品创意生成是指企业对准备向市场推出的可能产品加以研究、发展。新产品的开发工作始于产品创意,即寻求一种能够满足某种需要或欲望的产品。创意的生成过程不是一种偶然的发现，而是有计划探索的结果。新产品创意构思方法包括以下几种。

1. 产品属性排列法

将现有产品的属性一一排列出来，探讨改良每种属性的方法，形成新的产品创意。

2. 强行关联法

列举若干不同的产品，把某种产品与另外一种产品或几种产品强行结合起来，产生新的产品创意。

3. 多角度分析法

将产品的重要因素抽象出来，具体分析每种特性，形成新的创意。

4. 聚会激励创新法

这种方法最典型的代表就是"头脑风暴法"。

5. 征集意见法

通过问卷调查或开座谈会询问相关人员的意见。

(二)创意筛选

新产品构思的好坏，对新产品开发能否成功影响很大。还要进行抉择和取舍，即组织创意的筛选。筛选应考虑的影响因素有市场成功的条件、企业内部条件、销售条件、利润收益条件等。

(三)建立产品概念

富有吸引力的产品创意需要经过提炼发展为产品概念。这是开发新产品过程中最关键的阶段，目的在于把产品构思转变为具有使用安全、能增加消费者利益、创造经济效益、为顾客乐于接受的物质特征的实际产品。

(四)营销策略发展

在产品创意形成产品概念后,企业要着手发展产品营销策略。营销策略陈述包括以下三部分:

第一,描述目标市场、产品定位、预测销售额和预测市场份额等;

第二,列出产品的计划价格、分销策略和第一年的销售预算;

第三,描述长期销售目标、利润目标和营销组合策略。

(五)商业分析

一旦生产者决定了产品概念和策略,接下来需要进行的是评价该产品在商业上的吸引力。商业分析是指对预计的销售额、成本和利润进行审视,判断其是否符合生产者的目标。如果确实能令生产者满意,则进行下一阶段的开发研制工作。

(六)产品开发

经过市场分析以后,产品由概念进入实际研制阶段。这一阶段企业要试制出新产品样品或实体模型。一般来说,样品生产要经过设计和实验、再设计和再实验的反复过程,还要进行品牌和包装设计,一直到符合生产和市场营销的要求为止。若是实体模型,既要具备产品概念中所描述的特征,又要以经济的成本利用可行的技术制造出来。

(七)市场测试

产品样品经过实验室试验以后,还要经过消费者或用户的试用,以帮助企业进一步修改产品设计,确定新产品是否值得投入市场。市场试销应该在购买者、经销商、营销方案有效性、市场潜力等方面给企业决策提供有价值的信息。市场试销主要考虑试销地区、试销时间、试销费用、试销要获取的信息及试销的营销策略、试销成功后应进一步采取的行动等问题。

(八)商品化

试销成功后的新产品便可以批量生产,正式推向市场即商品化。

新产品开发的这一典型流程提示我们，新产品开发的创意与策划过程应该从产品创意构思开始，经评价筛选变成初步的方案，再经过不断的检测，最后变成正式的优秀的方案。至于是否成功，企业还须在上市时间、上市地点、上市目标等方面作出精心的营销策划。

四、新产品上市策划

新产品研发成功后，能否成功导入市场、迅速被消费者接受与上市策划工作成功与否关系很大。上市策划是新产品走向市场的重要一步，需要精心组织安排。

（一）新产品上市策划的内容

新产品上市策划涉及的因素很多，是一项系统化整体性策划，至少应该思考和筹划以下内容。

1. 上市新产品的定位

上市新产品定位是通过产品整体规划与定位分析研究，以确保上市推广策略的精准、上市推广效果的实现，确保上市的产品推广与企业整体产品推广及营销的协调，避免产品之间顾此失彼或互相冲突。具体而言要明确以下内容：上市新产品的目标市场及市场定位；新产品的功能、性能、质量水平与价格档次；新产品采用的品牌名称及定位；新产品与老产品的关系；新产品在企业产品组合、产品阵容中的地位。

2. 新产品上市的目标

新产品上市目标的确定，既要有一定的挑战性，能够激发营销人员的斗志，也要建立在科学分析和客观判断市场容量的基础上，具有一定的可行性。具体内容包括新产品市场占有率等总体目标；上市期间的短期目标；新产品试用率和接受度应达到的基本指标。

3. 新产品上市的时机

新产品上市时机受到企业研发、生产和销售的能力与节奏、整体市场与产品推广的时间与节奏、市场竞争形势、消费者需求的程度与时间特征等多种因素影响。例如,销售旺季上市能够迎合需求上涨趋势,但往往由于旺季产品宣传推广集中,上市推广信息容易被吞没。淡季入市则相反,虽然由于竞争品牌宣传活动较少,因此显得很突出,但也会失去旺季需求的大势支撑。又如抢在竞争对手之前上市可以抢占先机,但有时因为仓促上阵,可能会面临一定的风险,而跟随竞争品牌上市可以回避风险,节省费用,但会失去优先效应,当然如果措施得当也可能后来居上。

4. 新产品上市的区域

区域选择主要根据企业资本实力、销售能力、生产能力等因素综合考虑。如果是一个有影响力的全国性品牌,拥有全国性分销网络和大量生产能力,产品又在全国普遍适用,应该考虑全国市场同步上市。如果产品的需求存在地区梯次差异,则应按各地消费能力差异分批上市。

5. 新产品上市的营销措施

分销渠道方面,一般来说,改进型新产品、系列型新产品等按照原来的销售渠道销售即可;全新产品,需要在经销商类型、数量和质量控制等方面重新考虑。价格方面,新产品价格的确定要结合新产品上市目标、新产品定位、竞争产品价格、目标消费者的需求水平和价格承受能力、企业与分销商的盈利目标、企业整体价格体系等因素综合考虑,系统优化。促销方面,策划界对于新产品促销策划的共识是"公共第一,广告第二",公关活动主要通过借势和造势、新闻公关传播,形成有力的舆论氛围,提高企业的知名度和美誉度,形成有利于新产品上市的舆论导向和消费认知,这种营销造势的作用效果要超过直白的广告传播形式。消费者从了解新产品概念到尝试购买是一步重要的跨越,为了推动这一步跨越,则需要促销活动的支持,单一重视广告和公关传播而忽视促销配合支持,导致上市新产品滞销,既浪费了营销资源,又耽误了市场机会。在终端促销活动方式选择上,主要是充分考虑产品的性质和消费者促销偏好两个因素。同时,企业要注意针对经销商和促销人员策划和设计一些激励性的促销措施,以调动他们的工作积极性。

6. 新产品上市的组织保证

新产品上市工作涉及企业内部诸多部门,只有协调作战,整合资源才能事半功倍。明确决策之后，要以文件或上市推广手册等形式告知所有相关部门和人员，以便统一行动。在新产品上市的组织结构设计中尽可能采用矩阵式组织方式，以免使组织臃肿，增加协调困难和运行成本。

（二）新产品上市策划的流程

为了尽可能减少风险，增加新产品上市的成功率，企业除了充分考虑以上各方面内容之外，还应当按照科学的程序进行系统规范的思考和规划，并保证整个流程的有效实施和执行。

1. 市场调研的回顾

开展上市策划之前，企业应对新产品开发前期的市场调研信息进行回顾，把相关内容作为上市策划策略的依据。如果新产品开发调研时间过久，或者内容过于简单，不能适应新产品上市策划的需要，则需要补充或者重新调研。

2. 新产品研发的跟踪

动态跟踪并及时了解和掌握新产品研发的工作进度、取得的技术突破、产品形态与技术参数变化，为上市策划提供时间进度和产品技术、性能、质量等方面的信息。需要说明的是，由于新产品研发受到市场和技术等多方影响，经常需要对开发进度、新品性能和技术参数进行必要的变动，因此，新品研发的跟踪是动态的、持续的，而不是一次性的、阶段性的。在组织管理方面，由于新产品上市策划与新产品研发分属于不同部门开展的工作，很容易造成信息沟通不畅，从事新产品上市策划的市场营销部门人员，应该比从事研发的技术人员更具有沟通协调意识。

3. 新产品试销的分析

新产品在正式大规模上市之前，应该有计划地进行小规模的市场试销，有目的地收集新产品试销销售数据和消费者的接受程度与反馈意见，综合分析和研究，形成新产品试销分析报告，为确定新产品的市场规模、市场目标和营销策略提供第一手的信息。

4. 上市目标的界定

根据企业的产品规划，结合市场调研和新产品试销的市场反应，进行细致的分析研究，制定出新产品的整体市场目标和上市期间的目标，作为新产品上市方案策划和执行的努力方向。

5. 上市策略的研讨

在上述工作的基础上，开展新产品上市的具体和系统的策划研究，形成以新产品上市时间、地点、通路、价格、广告、促销、公关活动为主要内容的上市策略和基本策划方案。这是新品上市策划的重点工作，需要耗费较长的时间和较多的精力，并且要进行多次反复研讨。在策划力量安排方面，除企业的营销部门需要全力以赴外，还需要借助外部力量，如借助营销与广告方面专业策划机构的支持，完成上市系统方案的策划。

6. 上市方案的确定

新产品上市策划方案基本完成以后，需要进行内部讨论和审核，必要时还需要进行策划方案的市场测试，尤其是广告创意的测试和新品价格的测试，以便增加上市方案的完美度和上市成功的把握度。在成功确定上市策划方案的基础上，企业内部需要调配和落实各方面的资源和力量，形成新产品上市计划，明确新产品上市工作各个部门的职责，最终形成包括新产品上市策略和上市计划在内的整体上市方案。

7. 上市工作的启动

在新产品上市方案确定并获批准以后，按照新产品上市计划的行动步骤，进行新产品上市工作的内部动员、布置和协调，培训参与新产品上市的各级各类相关人员，联络与新产品上市有关的外部机构，如新闻媒体、分销渠道和广告公关机构，同步协调行动，启动上市执行工作。

8. 上市执行的监控

按照新产品上市方案实施上市工作。监控新产品上市执行的时间进度和到位程度，监控新产品上市的阶段性进展，及时解决新产品上市过程中的执行性问题，确保新产品上市执行工作的质量和效果。

9. 上市策略的修正

根据新产品上市执行中发现的新问题和出现的意外情况，提出解决办法和应对措施，对上市计划适度进行修正和补充，使之更加完善，更有利于下一阶段的推广。

10. 上市工作总结

上市工作结束后，全面收集新产品上市信息数据，总结上市工作。信息收集的范围包括终端消费者、经销商、企业销售人员和外部营销与广告策划人员、新闻媒体和公众等对象，包括新产品性能、质量、价格、广告、公关和促销活动、销售数量和金额等内容。

（三）新产品上市策划应注意的问题

以新养新，实现企业产品更新的良性循环是企业实现永续经营和可持续发展的保证。但实践表明，大部分的新品上市却惨遭败绩，所以，在成功进行新品上市策划时，应注意以下几方面的问题。

1. 吸引顾客要学会创造需求

所谓需求，是指顾客有能力购买且愿意购买某一具体商品的欲望。所以，顾客的需求必须同时具备两个条件：愿意购买和有能力购买。创造需求，就是当以上两个条件不具备或缺一个条件时，积极创造条件，让顾客既愿意购买又能买得起。创造需求的方式有很多如免费培训、免费赠送样品、操作示范、以旧兑新、先使用后付款等。

2. 要使顾客购买新产品的转移成本最低

从消费会计学原理的角度来分析，消费者决定购买新产品时，是要付出转移成本的。所谓消费转移成本，是指从老产品“跳槽”到新产品时的转购成本，在这个转购过程中，顾客肯定要付出下列成本（物质的或精神的）：老产品的报废弃用成本、新产品的购买成本、新老产品之间过渡对接的费用成本、担心新产品的质量及信誉的心理负担成本等。

所以,新产品的上市绝不是那么简单的,它是一个新老兼顾的复杂工程。如果只为了新产品的考虑,而不顾老产品的“善后问题”,导致新产品与老产品之间的严重冲突和排斥,那么,就会大大增加消费者的转移成本。很显然,过高的转移成本会使消费者对新产品望而生畏,不敢轻易转购新产品。

3. 看准时机,抢占先机

新产品的市场推广速度,在传统经济里只是重要的一个因素,但在当今的新经济时代中它已经成为决定新品上市生死成败的“生死时速”。谁以最快的速度抢占了先机,谁就可能成为行业的老大。企业在新产品上市时要切记:过去的那种“蜗牛跑万米”式的观念和速度,已不合乎新经济的要求了。只有抓住时机,先快速抢占市场,再成功“软着陆”,才可能取得胜利。

4. 新产品命名很关键

一个好的产品或品牌名称,能起到倍乘效应,使广告宣传和市场推广取得若干倍的效果。

5. 同质产品,要突出相对优势

田径比赛中,有经验的运动员往往并不拼出全部力量,而是看对手的情况行事,讲求“永远领先对手半步”。因为夺取金牌并不需要绝对的遥遥领先,只要比对手相对地领先一点即可。况且,追求绝对的领先是要冒较大风险的,往往出现“提前爆发”“后继乏力”“过早透支”等恶果,最后反而会失败。

6. 萝卜拔快了更要洗泥

意指单纯追求速度和数量,却忽视了质量。在新品上市中,这种现象经常发生:企业一看上市之初产品十分畅销,就加大马力,使生产线超负荷运转,甚至不经严格审查,就草率地进行贴牌生产(OEM 生产)。结果,由于质量控制不严、次品太多,很快就导致退货、诉讼、赔偿、声讨、曝光,自毁商誉。因此,新产品要想“畅销并长销”,就必须一如既往地严格控制产品质量,宁缺毋滥。

7. 要学会先造势后铺货

新品上市之前，预先展开宣传攻势，能为成功上市打下良好基础。在当今供大于求的市场“滞胀时代”，销售就是“存在即被感知”——顾客只相信购买他们所“感知”（即知道、听说）的产品，任凭产品多么优秀，如果不善于广告宣传，没被顾客“感知”，就很难销售出去，也就等于“不存在”。

此外，根据营销实战经验，在新产品上市策划中还应关注下列问题，以免工作脱节，影响上市工作的正常开展与上市工作的成效。

第一，时间衔接与进度的把握。产品研发、生产、运输、发货、进店、铺货、上柜上架及广告创意、制作、发布的时间与工作进度要衔接把握好，避免脱节、耽误时间，影响上市推广节奏和效果。

第二，新品产销能力的衔接。产品生产量、销售区域数量、销售渠道数量、销售终端数量、销售速度和数量，及广告投放量、公关促销活动的力度所能拉动的市场需求量要均衡一致。

第三，产品质量性能与技术服务的保障。新上市产品由于技术和生产工艺还不十分完善，产品质量性能的可靠性、稳定性都有可能存在问题。因此，新产品上市策划中必须考虑到产品性能与技术服务保障需要，安排研发、生产和技术部门的人员深入一线推广，一旦遇到问题应能及时解决。

第四，企业资源的整合与营销传播的整合。新产品上市工作是一项牵涉企业多个部门需要调动企业人、财、物多方面资源的工作。因此，需要整合企业的资源力量，协调运作。上市推广过程中，也需要整合各个部门的信息出口，整合多种传播途径和传播媒体的信息内容，实现营销传播的整合。

第三节　产品生命周期营销策划

产品投放市场后，企业的主要营销方向即为如何让消费者迅速接受新产品并尽可能延长产品的市场寿命，以获得更高的利润。

一、产品导入期策划管理

(一)产品导入期的特点

导入持续时间很长,销售增长缓慢。有些享有盛名的产品,例如速溶咖啡、冰橙汁和粉末咖啡雪糕的销售量在低水平徘徊了很多年,才进入了高速增长的阶段。相对于产品生命周期的其他阶段,导入期的特点如下。

第一,与市场上相似功能商品相比,在技术和经济性能上有较大的优势,在产品功效、使用寿命、能源消耗、安全操作、成本降低、污染减少等方面有所改进。

第二,技术工艺相对不够稳定、完善,生产批量小,单位产品成本高。

第三,消费者对新产品比较陌生,缺乏全面了解和信任,市场需求量小。

第四,竞争者少,市场竞争环境较为宽松。

(二)产品导入期的策划思想

这时期营销策划的基本思路是突出一个“快”字,即尽可能快速进入和占领市场,在尽可能短的时间内实现由投入期向成长期的转换。因此,在产品介绍期,企业营销策划重点主要集中在促销与价格方面。一般有以下四种策略可供选择。

1. 先声夺人策略,即以高价格和高促销水平的方式推出新产品

采用这一策略的条件是:潜在市场中的大部分人还没有意识到该产品;消费者渴望得到该产品并有能力照价付款;公司面临着潜在的竞争和想建立品牌偏好。

2. 以廉取胜策略,即以低价格和低促销水平推出新产品

采用这一策略的条件是:市场规模大;市场上该产品的知名度较高;市场对价格相当敏感;有一些潜在的竞争。

3. 密集渗透策略,即以低价格和高促销水平的方式推出新产品

采用这一策略的条件是:市场规模很大;市场对该产品不知晓;大多数购买者

对价格敏感;潜在竞争很激烈;生产成本下降。

4. 愿者上钩策略,即以高价格和低促销水平方式推出新产品

采用这一策略的条件是:市场规模有限;大多数的市场已经知晓这种产品;购买者愿出高价;潜在竞争并不迫在眉睫。

二、产品成长期策划管理

(一)产品成长期的特点

新产品经过一段时间的试销和推广,其产品形象在市场上逐步树立,销量大幅度增长,产品便进入成长期阶段。产品成长期的特点如下:

第一,技术和经济性能指标继续保持领先,工艺操作日臻完善,产品质量稳步提高。

第二,产品大批量生产和销售,伴随着产销量的增长,产品单位成本逐渐下降,经济效益明显提高。

第三,产品形象在市场上已经确立,需求量增大,产品畅销,在同行业竞争中占有明显优势。

第四,竞争者纷纷加入,市场竞争日趋激烈。

(二)产品成长期的策划思路

进入成长期,营销企划主要强调一个“好”字,即不断提高产品质量,改进服务,树立良好的企业及品牌形象,抓住难得的市场机会,扩大市场占有率。

成长期的特征是销售量急剧上升。消费者对产品已经熟悉,早期使用者也加入购买行列,销售量迅速增长,成本逐步降低,企业利润快速上升。有竞争者介入,竞争激烈。这一时期可采取的策略以下几种:

第一,改进产品。集中力量提高产品质量,增加花色品种。

第二,开辟新市场。不断细分市场,吸引更多的消费者,扩大市场份额。

第三,密集分销。利用尽可能多的分销渠道销售商品,扩大商业网点。在扩大产品规模的基础上,适当降低价格。

第四,建立品牌形象。通过促销,从让消费者了解产品过渡到树立品牌形象。

三、产品成熟期策划管理

(一)产品成熟期的特点

新产品经过一段较快发展阶段后,销售量从迅速增长转向缓慢下降,产品便进入成熟期。产品成熟期的主要特点如下:

第一,产品技术和经济性能已发展为一般水平,工艺操作更为完善,市场竞争更加激烈。

第二,产量尚未超过生产能力,单位平均成本最低,利润由缓慢增长趋向缓慢下降。

第三,市场需求量处于相对饱和状态,销售稳定在一定规模后转向缓慢下降。

(二)产品成熟期的策划思路

成熟期是产品迅速普及阶段。这一阶段表现为“两高一低”,即生产量和销售量很高,但销售量增长幅度变慢,利润开始下降,市场竞争异常激烈。因此,在这一时期策划人员应系统地考虑市场、产品和营销组合及改进等主动进攻的策略。其策划思路具体有以下三个方面:

第一,改进市场。通过扩大顾客队伍和提高每位顾客使用率,来提高销售量。例如,强生婴儿润肤露是以婴儿为主要使用对象而设计的,而如今“宝宝能用,你也能用”的宣传语,使得该产品的使用对象扩展到了成年人,从而扩大了用户范围,进入新的细分市场。

第二,改进产品。通过改进现行产品的特性,以吸引新用户或增加现有用户使用量。如现在的移动通信服务商为手机用户提供移动网络服务,以吸引更多年轻人及商务人士。

第三,改进营销组合。通过改进营销组合中各产品要素的先后次序和轻重缓急程度,以达到保持市场占有率的目的。

四、产品衰退期策划管理

(一)产品衰退期的特点

大多数的产品形式和品牌销售最终会衰退。这种销售衰退也许是缓慢的,也许是迅速的,销售可能会下降到零,也可能很多年都停留在一个低水平状态上。产品衰退期的主要特点如下:

第一,产品技术工艺和经济性能已呈落后状态,设备陈旧,物耗上升,维修费增加,销售量大幅度下降,单位成本上升,利润急剧减少。

第二,消费需求迅速转移到新产品或替代品,市场需求锐减,产品趋向被市场淘汰。

第三,销量下降,利润减少,会迫使更多的企业退出市场,留在市场的企业也会逐渐减少产量,品牌竞争压力相对减轻。

(二)产品衰退期的策划思路

衰退期是产品销售每况愈下的阶段,企业利润很低。仅有落后的使用者继续购买产品,大部分消费者购买行为发生转移,竞争者大批退出市场。面临上述情况,可采取的策略有以下几种:

第一,立即放弃策略。立即放弃衰退产品,经营可代替的新产品。

第二,逐步放弃策略。按计划逐步压缩衰退产品的产量,将资金转入到有利可图的项目上。

第三,自然淘汰策略。企业不主动放弃衰退产品,使之自然退出市场。

企业一旦决定停止经营衰退期的产品,应妥善处理好善后事宜,使企业有秩序地转向新产品经营,也为原有顾客群的维护留有余地。

第四节 产品品牌策划

在产品同质化现象越来越严重的今天,越来越多的消费者往往只为品牌特别是名牌产品而消费。每个企业都想创造自己的名牌,而创造名牌就必须从创造品牌入手。对于品牌的策划活动自然成为市场营销策划不可或缺的重要组成部分。

一、品牌的内涵与作用

品牌是用以识别某个销售者或某群销售者的产品或服务,并使之与竞争对手的产品或服务区别开来的商业名称及其标志。通常由文字、标记、符号、图案和颜色等要素组合构成。品牌是一种商品,一个企业甚至一个国家的形象、信誉的代言。品牌在企业营销中的作用主要体现在以下几个方面:

第一,有利于消费者识别产品,建立差异。消费者可以通过品牌所带来的视觉的、听觉的、各方面的功能,来识别不同的品牌,从而决定他们的购买方向。

第二,有利于维护消费者和企业双方的权益。品牌一经商标注册,就会受到法律保护,其他企业就不能仿冒。消费者也可以通过品牌来维护自身的权益,一旦发现产品的质量问题,可以通过品牌来追查厂家和经销商的责任。

第三,保证产品质量。品牌是企业的形象,一旦其生产的某品牌产品出现质量问题,便会影响整个企业的经营效果。因此,企业要通过不断提高产品质量和服务来满足消费者的需求。

第四,有利于增强品牌忠诚度。消费者一旦对某一品牌产生好感,会持续购买,形成品牌忠诚。

二、品牌策划的含义与原则

(一)品牌策划的含义

品牌策划就是通过品牌上对竞争对手的否定、差异、距离来引导目标群体的选择。品牌策划强调的是意识形态和心理描述,即对消费者的心理进行规划、引导和激发。品牌策划是一个把人们对品牌的模糊认识清晰化的过程。品牌策划需要通过一种全新的思路或观念、理念,对生产力的各种要素进行整合,一旦形成战略支撑点以后,必须倾其全力来培养。

(二)品牌策划的原则

第一,眼光原则。策划必须具有前瞻性,也就是说策划人要有“眼光”,要看得远，要看到他人没有看到的，这样才能抢占先机，出奇制胜，反之则“人无远虑，必有近忧”，整日被琐事缠身，裹足不前。不谋万世者，不足谋一时；不谋全局者，不足谋一域，说得也是这个道理。这一原则很容易理解，很多策划人都在实践中努力遵循这个原则，只是程度存有差异。例如，很多企业没有做品牌战略策划，就忙着请广告公司发布广告，大量资金砸下去之后，可能会有一定的收益，但必然是事倍功半。

第二，阳光原则。这个原则是指策划必须见得着阳光，经得起日光的“曝晒”。换句话说，策划人必须心胸坦荡，不能做昧良心的策划，亦即策划不能欺诈消费者，不能损害消费者利益，更不能有悖于社会道德和伦理。不容乐观的是，不少策划案都违背了这一原则，现在仍就未能引起足够的重视。每年“3·15”被曝光的企业，及其他出现类似危机的企业，尽管在一定时期内取得了经济效益上的成功，但是其显然是违背了策划的阳光原则。

第三，X光原则。X光是一种波长很短的电磁波，波长在0.001～100纳米，有很大的穿透能力，被广泛应用于科技和医疗等方面。这里借指策划人要有“掘地三尺”的精神和能力，洞穿问题的本质，或者说找到问题的根源，然后再结合存在的资源进行策划。这样，策划案实施后，才有可能实现釜底抽薪、药到病除的效果，否则必然是隔靴搔痒，治标不治本。例如，某商场做了错误的品牌定位，却热衷于大搞一些不痛不痒的演出活动、促销活动，结果自然是解决不了根本问题，几个月后，依旧是“门前冷落鞍马稀”。

三、产品品牌策划的内容

根据构建品牌的阶段性，我们可以把产品品牌策划分为品牌建设策划、品牌推广策划和品牌调整策划三个部分。

（一）品牌建设策划

品牌建设阶段，品牌被“认同”是根本。为了提高认同度，此阶段要考虑的主要是以下几个方面。

1. 品牌化策划

它是指企业对其生产和经营的产品是否采用品牌的抉择，包括使用品牌、不使用品牌两种情况。

使用品牌，即企业为其产品确定品牌，并规定品牌名称、品牌标志，及向政府有关部门注册登记的一切业务活动。品牌化是一种大趋势，是品牌化策划的一种主要策划。大多数企业使用品牌的目的是为了实施名牌战略。从另一个角度看，使用品牌意味着企业要承担相应的责任，如要保持产品质量的稳定、履行法律规定的义务等。若企业无力承担这些责任就大可不必使用品牌。

使用品牌有很多积极的作用，但是并不是所有产品都必须使用品牌，一般在以下情况下，企业多考虑不使用品牌：

第一，同性质产品。如电力、煤炭、钢材、水泥等，只要品种、规格相同，产品不会因为生产者不同而出现差别。

第二，人们不习惯认牌购买的产品。如食盐、食糖，大多数农副产品、原材料和零部件等；生产简单，无一定技术标准的产品，如小农具等；临时性或一次性生产的产品。

2. 品牌归属策划

当企业决定使用产品品牌后，还要进一步决定这一品牌由谁负责，归谁所有的问题，即品牌归属决策。企业可以考虑使用自有品牌、中间商的品牌，也可以混合使用两种品牌。

对于实力雄厚的企业，一般都力求使用自己的品牌。在某些情况下，企业也可以使用别人已有一定市场信誉的品牌。其优势在于：可以利用许可方的品牌信誉，迅速打开市场，获得许可方技术和管理方面的援助；利用许可方的销售渠道和维修服务网络，减轻企业在这些方面的压力，不承担或少承担产品广告宣传上的责任。

使用他人品牌也存在一些风险和后顾之忧。比如：企业丧失了对产品销售价格的控制，协议期满后，如果许可方不愿再续订协议，企业可能会陷入销售困境，企业也丧失了创立自己品牌形象的机会。

3. 品牌数量策划

在品牌策略策划中，决定使用自己品牌的企业，还要对使用多少品牌作出抉择。

第一，使用统一品牌。即企业对所有产品使用同一品牌策略。如美国通用电气公司的所有产品都统一使用“GE”品牌。采用此策略的好处在于节约品牌设计费、广告费，降低成本，有利于解除顾客对新产品的不信任感，但缺点是有较大的风险，局部产品质量不好会影响全局利益。如飞利浦公司，对其所有的产品使用“飞利浦”这一品牌，但是由于产品在质量上有极大的差异，很多低质产品致使飞利浦公司优秀产品的销路受到损害。因此，企业最好避免在所有产品上使用同一商品名称。

第二，使用个别品牌。即企业的每项产品都有各自不同的品牌。如美国宝洁公司的“飘柔”“海飞丝”两种牌号洗发乳，尽管“飘柔”的销售量因“海飞丝”而受影响，但宝洁公司洗发乳的销售量却大大提高。采用此策略的好处是，它没有将公司的声誉系在某一品牌的成败之上，如果某一品牌的产品失败了或者出现了低质情况，也不会损害企业的名声。个别品牌决策还有利于公司为每一新产品寻找最佳的名称，建立新的信誉，扩大市场占有额。但缺点是费用开支大，成本上升。

第三，使用分类品牌。企业依据一定标准将其产品分类，并分别使用不同的品牌。这样，同一类别所属的产品实行同一品牌，不同类别的产品之间实行个别品牌。兼备统一品牌和个别品牌两种做法的优势。如美国庄臣公司在我国销售其产品时，杀虫剂用的“雷达”品牌，鞋油用的是“红鸟”品牌。

第四，使用企业名称加个别品牌。这是兼备统一品牌与个别品牌的优点的又一种做法。通常是把企业的商号和商标作为统一品牌，与每一种产品的个别品牌联用。这样，在产品的个别品牌前面冠以企业的统一品牌，可以使新产品正统化，享受企业已有的声誉；在企业统一品牌后面缀上产品的个别品牌，又能使新产品个性化。如“海尔小小神童”洗衣机。

4. 品牌定位策划

品牌定位来源于“定位之父”全球顶级营销大师杰克·特劳特首创的战略定位。是指企业在市场定位和产品定位的基础上，对特定的品牌在文化取向及个性差异上的商业性决策，它是建立一个与目标市场有关的品牌形象的过程和结果。品牌定位的目的就是将产品转化为品牌，以利于潜在顾客的正确认识。成功的品牌都有一个特征，就是以一种始终如一的形式将品牌的功能与消费者的心理需要连接起来，通过这种方式将品牌定位信息准确传达给消费者。良好的品牌定位是品牌经营成功的前提，为企业进占市场，拓展市场起到导航作用。如若不能有效地对品牌进行定位.以树立独特的消费者可认同的品牌个性与形象，必然会使产品淹没在众多产品质量、性能及服务雷同的商品中。品牌定位是品牌传播的客观基础，品牌传播依赖于品牌定位，没有品牌整体形象的预先设计(即品牌定位)，品牌传播就难免盲从而缺乏一致性。

品牌定位是建立在严密的市场调研基础上的，在充分考虑细分市场特点并选定目标市场之后，通过恰当的品牌定位，确立品牌在消费者心中的有利地位。品牌定位有很多策略。

第一，心理档次定位。根据品牌在消费者心目中的价值高低区分出不同的档次，不同档次的品牌带给消费者不同的心理感受和体验。档次定位并非一定要走高端路线。实际上，最好的档次定位应符合产品预定的目标市场的需求。

第二，UPS定位。根据产品向消费者提供的独特消费主张定位。消费者购买产品主要是为了获得产品的独特功能，如产品具有独特的外观、独特的使用效果或者独特的社会影响力等，因而以强调产品的独特卖点为诉求是品牌定位的常见形式。很多产品可能有多重功效，在同一时间向顾客传达单一功效还是多重功效并无定规，但由于消费者对于信息记忆的有限性，单一诉求往往更容易产生深刻印象。

第三，分类定位。依据产品的类别建立品牌联想，努力在消费者心目中形成该品牌等同于某类产品的印象，以便成为其代名词。如“七喜”是“非可乐”，因而能够吸引不愿意喝含有咖啡因饮料的顾客，但也能吸引喝含有咖啡因饮料但把它作为“另一种口味”的顾客。当然，分类定位的前提是找准可以区分的真正的类别，避免空炒概念。

第四，攀附定位。攀附定位即借助名牌之光而使得自己的品牌也能扬名天下。如蒙牛最初打入市场时就宣称“做内蒙古第二品牌”。又如承认同类中的某一领导性品牌，自愧弗如，但在某一地区或者某一方面还是可以平分秋色的。我们经常听到这样的广告语“XX老窖——塞外茅台”。使用这种策略要注意既不能触犯商标法，又要考虑被攀附的品牌已有特定的、并广为人知的含义，“茅台”在中国是人尽皆知的名牌，如果使用“XX老窖——中国波尔多”，很多顾客可能就不知所云了。

第五，文化内涵定位。文化是对消费者购买行为影响最为持久的一种因素，将某种文化内涵注入品牌，形成特定品牌定位，可以使品牌颇具品位。如“金六福酒”把在中国具有亲和力与群众基础的“福”文化作为品牌内涵，实现了“酒品牌”与“酒文化”的信息对称，也与老百姓的“福”文化心理恰巧平衡与对称，使“金六福”品牌迅速崛起。当然，采用这种定位方式，一定要把握好文化的大众性和价值观的相互影响。没有大众性，很难引起共鸣和追求；而违背大众的价值观，不仅不会实现策划的定位初衷，还会被人拒绝。如“送礼就送 XX”的定位。“送礼”虽然是中国人普遍采用的人际交往文化，具有大众性，但在特定时期，人们又将其同“腐败”这类丑恶现象联系起来，与人们的价值观相违背，因此这个定位在国内并不为人们所认同。

除此之外，还有顾客群定位、消费联想定位、感情定位、竞争性定位等品牌定位策略，策划人员可以根据产品特点、市场竞争状况等进行恰当选择。

5. 品牌设计

品牌设计是在客户需求点明确的前提下进行的，品牌设计的目标是找出品牌的诉求点，并通过有效、生动的创意表现出来。

第一，品牌命名的原则。易于发音、拼读和辨认、读音响亮、音韵好听的品牌，叫起来顺口，听起来顺耳，自然就便于流传；独特新颖，不落俗套，独特的品牌便于记忆、识别；随大流、无个性的品牌容易被市场上众多的品牌所湮没，或让人误把优质品视为大路货；提示产品特色，一般来说，品牌名称不允许直接用来表达产品质地、性状。但是，好的品牌名称又必须与产品本身有某种固有联系，能暗示有关产品的某些优点，或使人产生某种联想；不触犯法律，不违反社会道德和风俗习惯。品牌名称作为一种语意符号，往往隐藏着许多鲜为人知的秘密。稍有不慎，便可能触犯目标市场所在国家或地区的法律，违反当地社会道德准则或风俗习惯，使企业蒙受不必要的损失。

第二，品牌命名的规律。按产品效用命名，即以产品的主要性能、功能或作用来命名，便于消费者理解、记忆和联想；按地名命名，即选择产品产地或名胜古迹来命名，使消费者容易辨认；按首创者或商号命名，即以产品创始人或有特色的名字号来命名。可以扩大企业影响，提高企业声誉；按词汇命名，即利用词汇适用性广、寓意深刻、音韵好听等特点来命名；按动植物命名，即以珍稀动物或名花、名草为品牌，能使人产生许多美好的联想，并能提高产品的身价；按神话传说与传奇故事命名；按数字来命名，即用阿拉伯数字命名。一般数字本身没有什么特殊意义，只是简单易记，容易上口；按外文译音命名，即用某种外文的中文译音命名。

第三，品牌设计的要求。简洁明了，新奇独特。好的品牌设计，应当图案清晰、文字简练、符号简明、色彩醒目，没有多余的装饰；要有鲜明的个性。易懂易记，引发联想。好的品牌所蕴含的信息，既要丰富，又要使人容易明白，给消费者以意会、机智或趣味的心理享受。形象生动，美观大方。品牌既是产品的特征，又是产品形象及企业形象的代表物，因此在设计上形象生动，美观大方，才会有强烈的艺术感染力，使人百看不厌。相反，设计草率，质量低劣，抄袭别人的品牌，会使人产生不信任感，难以让人接受。功能第一，传播方便。品牌作为产品的一个有机组成部分，应为市场营销服务，而不应看成一件独立的艺术品。

（二）品牌推广策划

1. 所谓“品牌推广”

即以品牌的核心价值为原则，在品牌识别的整体框架下，选择广告、公关等不同的传播方式，将特定时期内的品牌推广出去，以建立品牌形象，促进市场销售。品牌推广策划的基本方式主要有以下几种。

广告作为一种主要的品牌推广手段，是指品牌所有者以付费方式，委托广告经营部门通过传播媒介，以策划为主体，创意为中心，对目标受众所进行的以品牌名称、品牌标志、品牌定位、品牌个性等为主要内容的宣传活动。对品牌而言，广告是最重要的传播方式，有人甚至认为：品牌＝产品＋广告，由此可见广告对于品牌推广的重要性。根据资料显示，在美国排名前 20 位的品牌，每个品牌平均每年广告费用为 3 亿美元。人们了解一个品牌，绝大多数信息是通过广告获得的，广告也是提高品牌知名度、信任度、忠诚度，塑造品牌形象和个性的强有力的工具，由此可见广告可以称得上是品牌推广的重心所在。如何采取多样化的手段达成自己的目标，减轻媒体选择压力，是所有企业广告负责人的心病。同时，在纷繁复杂的社会中，单个的广告湮没在广告海洋中，其效果和受众对它的接受度与接触率有关，如何使自己的广告在其中脱颖而出，达到最大化的效果？产品广告在广告业中所占比例是最高的，而受众对其信任程度日益下降，如何提升品牌在受众心目中的地位，采用什么样的方式进行品牌推广？以下几种方式应该值得我们参考。

第一，新闻性广告。新闻是人们关注度与接受度最高的媒体信息之一。避开产品宣传，与媒体搞好关系，希望媒体（电视台、广播、报社、网站、专业性杂志社等）不间断性地采编或采用有益于自己公司的各方面报道信息，进行品牌传播。

这种类型的广告我们在生活中是比较常见的。比如海尔“洗地瓜机”的新闻报道，虽然后来遭到了很多人所谓新闻炒作的质疑，但其宣传效果是其他任何产品广告所不及的。

海尔能响应百姓的心声并为之专门开发出这样的产品，即使消费者用不上也可以领会到海尔的“为民所想、为民服务、真诚到永远”的企业理念。

第二，公益性广告。企业进行公益性广告的投资也是一种有价值的传播方式，让企业在消费者心目中形成一种“为民、为公”的形象，以此来打动消费者的心。公益性广告的渠道很多，比如在电视台、广播、报纸杂志、网站、露天场所等。单独或与政府一道做有关环保、普法、节日、庆祝等合作性公益广告宣传，但一定要在公益性宣传的同时，不知不觉地传播公司形象，提起消费者对本公司及产品的关注。

统一润滑油在海湾战争期间推出的广告语“多一点润滑，少一点摩擦”就打动了很多消费者的心；伊利的公益环保广告也达到了一样的效果。

第三，赞助广告。为政府、社区举办的体育、文化等方面的活动提供赞助，推广企业品牌，提升企业形象。比如西门子的“自动化之光”中国系列巡展活动，百事可乐的中国足球联赛、XX 公司社区义诊活动等。最典型的例子就是韩国三星公司，它通过参与奥运会的 TOP 计划（奥林匹克全球合作伙伴计划）合作进行品牌传播，将其从三流企业提升至世界一流品牌企业，并荣升 2003 年世界最受尊敬的公司第四十名，是该年度除日本企业外的亚洲唯一上榜品牌与当年度国际发明专利申请第九的公司。

第四，网络广告。随着互联网业的逐步成熟，眼球经济、烧钱经济向现实转化，电子商务已经在人们心目中形成了未来商业模式的必然。这一理念使企业对电子商务的认可越来越高，也有很多企业正在或即将采取电子商务模式对企业运作进行充实，摸索与积累未来的商业运作经验。网络广告到底以什么样的形式进行操作，目前在业界还存在很大的争议，因为目前的网络广告形式（强迫观看、未经允许的电邮广告、数量多的弹出广告、网页移动广告等）让许多消费者与网络人士非常反感。但随着互联网知识大众化的普及、企业的数字化网络管理与电子商务的应用日趋成熟，网络广告必将成为广告业主流形式之一。一般采用比较精美的小型 Flash 广告、固定小型企业品牌形象链接广告、小型移动式页面广告等形式在大型门户网站、专业性网站与搜索引擎门户进行运作，是顾客比较容易接受的形式。因为这些形式的广告浏览主动权在顾客方，精美的制作与不影响正常浏览的广告能给人以良好的印象，顾客也比较容易接受。其次是征得对方的同意或商业性不是很强的企业形象广告，可以以一定程度的价格优惠或企业产品促销信息，提供各种免费服务等的电邮广告。这样的广告针对性很强、达到率高、效果好，是一种具有很大潜力的广告形式。网络广告采用何种模式是值得广告界认真探讨的。

第五，手机短信广告。中国移动通信业已经建立起了一个很庞大的平台，在推出广告业务后，每年的短信收发量以几个数量级增长，广告界可以和移动运营商合作推出广告业务应该是一个不错的选择。我们可以通过手机使用者征订广告，采用短信费用由广告传播方支付，并同时采用广告预订积分奖、定期抽奖、提供话费奖励、服务与优惠购买等各种方式进行广告传播。

第六，口碑传播。消费者在购买某产品时，对于广告宣传与亲朋的推荐甚至听到身边陌生人对某品牌产品赞不绝口时，消费者会做何选择？一般来说，绝大部分消费者会选择后者。我们经常遇到这样的情况，和几个朋友一起去买一件价值稍高的商品时，其中任何一位轻描淡写地说一句“这牌子好是好，可就是颜色（花样、服务、大小等）不是太好”，购买者最有可能的选择就是放弃。这就是口碑力量。各个阶层、群体、地域或家族内的人们认为口碑传播是最可信任的信息来源之一，而最突出的是高收入、高学历的群体，他们经常通过（俱乐部等）口碑传播来传递商品品牌信息。意见领袖是某一阶层、群体、地域或家族内的行动榜样，其他绝大部分人唯马首是瞻。

所以企业进行口碑传播的关键就是找准与抓住这个意见领袖进行针对性的公关。选定后采取免费试用、利益诱导、价值评判及服务保障等各方面的措施说服他接受产品，并让其在影响范围内传播有利的产品信息，劝服别人购买产品。优质的产品与服务能让意见领袖与企业保持长期的良好关系，并成为品牌的积极传播者与忠实顾客，由此带来的将是高度的品牌忠诚与销量。

2. 公共推广

就是指企业恰当地利用传播媒介有计划的将品牌信息与公众沟通、共享以提升自己形象争取公众支持的过程。公关推广可以使品牌人格化，以文化的力量来培养公众的好感，使品牌脱离商业味，产生人情味，从而使品牌更容易赢得公众的信任。公关推广的主要方式有：新闻报道；赞助政府或重大社会活动；通过组织各种座谈会、建立消费者来访接待室；派员直访不同的公众，参加企业的市场调研；同各级消费者协会保持密切的联系，并以公关的思想、妥善处理公众意见，化解企业与消费者之间的纠纷；向企业内部职工宣传管理决策部门的经营宗旨、工作意图，树立及维护品牌形象的必要性，取得职工的理解与支持，并及时将员工的反映、意见、要求反馈给决策部门，增强职工的责任感与荣誉感，提高企业凝聚力和维护品牌形象的责任；将企业内部维护品牌形象的事件加工成生动感人的故事，通过自办媒体或口头传播；以歌曲、故事、影视作品等形式传播公司理念和品牌形象。

（三）品牌调整策划

在营销实战中，品牌老化与受损在所难免。对于运营中的各品牌产品，企业需要定期进行品牌评估，根据市场态势，对于品牌策略进行适时完善，这就是品牌调整策划的主要任务。

1. 品牌评估

它是品牌调整不可或缺的环节，包括多方面的内容，既要对品牌资产进行评估，也要对品牌推广的诸环节进行反省和评价，还要对一项措施实施一段时间后的效果进行检讨和总结。如海尔的“日清日高”管理法，对品牌评估的启示作用是显而易见的。构思方案出台后，请有关专家进行鉴定、评估。通过后，方可进行设计制作。设计制作完成后，再请有关专家进行鉴定、筛选，选中的方案方能实施推广。品牌推广两个月左右，请有关专家进行评价，再通过抽样对部分中间商和消费者征求评价意见或建议。

2. 品牌延伸

品牌延伸也称品牌扩展，是指企业尽量利用已获成功品牌推出改进型产品或新产品。这是品牌使用的一种特殊决策。品牌延伸有以下两种基本方法：

第一，纵向延伸。企业先推出某个品牌，成功以后，再推出新的、经过改进的该品牌产品；然后又推出更新的该品牌产品。不仅升级换代的同一产品可用，新的包装规格、新的口味和式样等也可用。例如，宝洁公司在中国市场上先推出“飘柔”洗发香波，后来又推出创新一代“飘柔”洗发香波。

第二，横向延伸。即将成功的品牌用于新开发的不同产品。例如，美国桂格麦片公司的桂格脆脆麦片在早餐食品市场享有很好的声誉。公司利用这个品牌名称及其卡通人物的品牌标志，又推出雪糕、冰棒甚至短袖衬衫等新产品。

品牌延伸决策也有其不利的一面。其局限性主要表现在：容易忽视产品的个性宣传，降低品牌的影响力；不利于单一品牌的纵向延伸。例如，高档次的派克金笔向中低档次延伸时，就顿失派克笔高贵的形象，结果既不能开拓中低档笔的市场，又丢失了高档笔的市场份额；不同的定位造成品牌形象的冲突。因此，在品牌策划中必须要注意掌握分寸和适度，尽量减少不利因素，充分运用其有利因素以达到更好的效果。

3. 品牌调整

品牌调整即对品牌评估之后，要有步骤地进行调整，有利的方面要坚持，不符合发展的方面要改进。经过评估，发现品牌策略存在问题后应及时调整。调整内容一般有以下几方面：

第一，重新定位。通过评估，发现原来的定位不准确甚至是错误的，需要重新定位。如万宝路香烟最初定位为女士香烟，实施结果验证是失败的，后又重新定位为男士香烟，突出西部牛仔形象。

第二，重塑形象（含方案设计、制作）。一方面是原有的形象设计不准确甚至与对手雷同，包括品牌名称、品牌标志、象征图案等的设计有误，如赶集网的广告形象设计传播后没有提高自己的点击率，反倒是火了赶驴网；另一方面随着产品重新定位，需要创新设计品牌形象。

第三，重新推广。有不少品牌的设计是不错的，但由于选择的推广传播方式不当而没有达到预期目的，通过评估与诊断，若发现是推广手段和方式不当，应当立即加以调整。

产品策划是市场营销策划的核心。本书介绍了产品策划的概念、意义和思路，并分别对产品组合策划、产品生命周期策划、产品品牌策划和新产品开发与上市策划进行了详细阐述。产品组合策划可分为优化现有产品组合和规划未来产品组合两个部分。新产品开发的主要流程是：产品新构思一筛选构思方案建立产品概念一商业分析一开发研制一市场试销一正式上市。新产品上市策划的内容主要包括：上市新产品的定位，新产品上市的目标，新产品上市的时机，新产品上市的区域，新产品上市的营销措施，新产品上市的组织保证。处于不同市场寿命周期的产品策划的重点不同，产品导入期的策划思想突出一个“快”字，产品成长期策划管理强调一个“好”字，产品成熟期的策划思路核心在于“改”，产品衰退期的策划思路围绕“转”，产品品牌策划分为三个部分：品牌建设策划、品牌推广策划和品牌调整策划。具体分为品牌化策划、品牌归属策划、品牌数量策划、品牌定位、品牌设计、品牌评估、品牌延伸、品牌调整等内容。

第六章　分销价格与渠道策划

第一节　价格策划工作

商品的价格在市场营销组合策略中的地位至关重要。在复杂的市场环境中，企业通过什么样的价格将产品或服务推向市场，又如何适时地根据市场竞争状况及时调整价格，始终是一个萦绕在经营者、营销策划者心头的重要问题。

一、价格策划的工作性质

所谓价格策划，就是企业为了实现既定的营销目标，协调处理各种价格关系的活动。价格策划不仅指价格制定，更重要的是指在一定环境条件下为了配合特定的营销目标和营销组合而在实施过程中不断修正价格战略和策略的全过程。

在企业日常经营活动中，产品价格的确定往往偏重于产品的生产成本，而忽略了市场供求状况、需求强度、顾客认知与心理感受等因素。而且，在市场状况有所变化时，也未能及时调整价格。在一些企业里，价格制定往往独立于市场营销组合体系，而不是整体营销运作的一部分，未能综合其他营销因素进行整体考虑，使得价格与营销工作脱节，甚至发生矛盾。

价格策划作为企业营销策划的一部分，是站在整体、全局立场上看问题，是对企业市场营销的整体谋划。重视价格策划，做好企业的价格策划工作，在市场竞争中具有重要意义。

第一，价格策划的重要性源于价格在企业经营中的重要地位。价格是企业营销组合的一个重要组成部分，是若干变数中作用最直接、见效最快的一个变数，它直接影响着生产经营者的产品能否为消费者和用户所接受、产品需求量的高低、产品市场竞争力的强弱及生产经营者的利润水平。同时，价格在市场营销组合中又是最活跃的因素，与其他因素之间存在着相互依存、相互制约的密切关系。作为见效快、易操作、投入少的营销手段，其运用效果如何，在很大程度上取决于价格策划的质量，包括价格的定位是否适当，能否处理好与价格有关的各种关系，能否有效地组织其他资源为价格战略及策略的实施创造条件等。

第二，价格策划的重要性在于价格手段对企业经营的成败有着决定性的影响。大量企业的营销实践表明，价格是决定企业经营活动财务效果的重要因素，即产品销售价格的高低直接关系到企业所能获得的销售收益的大小，而且价格也是决定企业经营活动市场效果的重要因素。企业市场占有率的高低、市场接受产品的快慢、企业及其产品在市场上的形象等都与价格有着密切的关系。因此，正确的价格策划是企业其他经营手段取得成功的重要条件。

第三，从企业经营实践来看，价格策划的重要性还表现在实际经营过程中人们所感受到的巨大的价格压力。科学技术的发展、产品和服务的多样化早已使许多企业走出了只能使用一种价格、一种竞争手段的时代。但在某些行业、某些地区的市场上，价格仍是企业竞争的主要手段，是企业经营者十分关注也是给他们带来巨大压力的问题。尤其是在调整长期形成的不合理价格时，如何将市场扩张、市场收缩、消费结构变化、利润变化、竞争对手价格策略、政府组织干预等因素协调好，往往体现了价格策划者水平的高低。

第四，价格策划有利于企业适应市场形势，使企业掌握竞争主动权。产品价格与市场需求密切联系，当市场需求出现不均衡时，企业产品的价格就要作出相应的调整，以适应市场变化的需要；同时，企业也可以通过价格策划，促使企业在竞争中掌握主动权，适应市场竞争。

二、价格策划的总体思路

(一)目的性

在经济学的价格理论中，强调定价的目的是盈利。但是，在具体的商务实践中，为了达到企业的根本目标，企业往往将定价作为一种战术来采用，即盈利并不是定价唯一的目的。为了达到长期盈利的目的，企业有时会在短期内牺牲利润，以低利润、零利润甚至是负利润定价来渗透市场，扩大或巩固市场占有率，以达到阻击竞争对手、垄断市场的目的。

价格策划的目的性非常重要，任何策划方案都是在目的的驱动下进行的。例如，为了保护原有市场占有率，或因原产品失去市场优势而清理库存货物，企业往往会采取拼价策略，如果要拼价，就必须拼到底、拼到底价，将竞争者彻底击垮。

如果策划方案在“拼”上做得不够，就会导致实施中的惨败。相反，如果企业推销新产品是为了尽快收回投资，就应该用高价撇脂法。运用这种方法进行价格策划时，既要注意前期高价投入的时机和节奏，又要注意后期跟随者进入市场时降价转移风险的节奏。若策划不能兼顾这些关键阶段，就会给策划的实施带来风险。总之，价格策划必须同目的相匹配才能真正起到作用。

（二）出奇制胜性

定价不是一成不变的，价格策划也不是单纯以降价为研究对象。价格策划是采用降价还是提价策略，应具体情况具体分析。若企业产品有明显的竞争力，价格策划就应集中在提高产品附加值的研究上。如改变包装、款式或质量，拉动价格上升，以获取更大的价差利润。总之，企业在进行价格策划时应该出奇，这样在实施时才能先发制人，达到预期的目的。

（三）适时变动性

价格的相对稳定性是商家经营的基本原则，价格变化频率过高的商家会失去消费者的信任。但是，相对稳定并不是说不能变化，只要时机选择得恰当，企业仍然能利用价格因素直接获利或达到排斥竞争者的目的。例如，2019 年 XX 酒厂价格策划方案（降价）早在半年前就开始制定了，但是，策划方案却在全国白酒销售大面积滑坡时才抛出来。从需求上看，外国人不喝高度白酒，中国人喝不起高价名酒，政府限制公费吃喝，这些对价格拉升后的名牌白酒都产生了一定影响，但是，只要市场上高价名酒仍在走俏，突然降价就是愚蠢的行为。但到 2019 年 7 月，高价名酒市场已经滞销，降价方案立即抛出，就起到很好的效果。

（四）区间适应性

企业定价有上限和下限的限制，价格应该在这个区间里变动，突破这个区间就有可能带来意想不到的副作用。如长城葡萄酒在红酒中价位一般，如果突然将它提到与法国进口葡萄酒相同的价位，消费者就会难以接受。相反，“茅台”“五粮液”等国产名酒如果价格趋同普通白酒，就会降低名牌的品位，从长远看对企业营销会产生消极影响。

对大多数产品来说，价格策划除了要遵循价格自身的区间变化外，还要兼顾价格变化的时间区间。通常来讲，战术价格调整多数控制在 1～3 个月，如果价格调整已经达到营销目的，商家就应该立即研究新的价格战术，采用新的价格策划方案。

定价在理论上是非常清楚的，但是在商务实践中却让商家十分头痛。价格战术是营销的一种利器，这已成为商家的共识。因此，研究价格理论，做好企业的价格策划，对于当今企业在激烈竞争的市场中不断赢得优势具有十分重要的意义。

三、价格策划工作步骤

企业在进行价格策划时要经过一个反复调研、评价、取舍、优选的过程，这个过程包括以下几个步骤。

(一)价格策划的市场环境调研

企业环境是指作用于企业生产经营活动的一切内部、外部因素和力量的总和，企业就是在这些因素和力量的作用下进行价格策划的。在进行价格策划前，要撰写价格走向分析报告。

所谓价格走向分析报告，是指企业对产品的行业市场价格或竞争对手价格进行分析和预测的报告材料。企业进行产品价格影响因素分析的目的是进行价格预测，为价格策划做好准备。

(二)价格策划目标的确定

价格策划的目标主要包括维持生存、当期利润最大化、市场占有率最大化、提高企业产品形象、适应竞争或规避竞争等目标。在某些特殊时期，企业也需要制定临时性定价目标。例如：当市场行情急转直下时，企业就要以保本销售或尽快脱手变现为定价目标；为了应对竞争者的挑战，企业也可能以牺牲局部利益来遏制竞争对手为定价目标。但是一旦出现转机，过渡性目标就应让位于长远定价目标。

企业在确定价格策划目标时，必须综合考虑以下几个方面的因素。

1. 价格目标受经营目标制约

企业经营目标包括提高市场地位、扩大企业规模、资产增值、承担社会责任等，企业价格策划必须与之配合，以有效实现企业经营目标。即企业价格策划目标从属于企业经营目标系统。

2. 以必达目标为主，兼顾期望目标

价格目标通常可分为必达目标和期望目标。在进行价格决策时需要针对必达目标进行决策，以期实现目标。在实现必达目标的同时，由于不同目标之间具有一定程度的关联性，因此，也会附带地在不同程度上实现期望目标。例如，以一定的利润额为必达目标，又会涉及市场占有率等方面的期望目标。但在策划时，大多以一个目标为主，兼顾其他几个目标，形成重点突出、层次分明的目标组合。

3. 定性目标和定量目标相结合

价格策划目标不仅要有质的要求，而且要便于量化。例如，“提高市场占有率”的目标要具体明确到何时达到什么样的百分比。

（三）价格策划方案的影响因素分析

1. 企业的营销战略分析

营销战略是一个企业用以达到营销目标的基本方法，具体包括目标市场的选择、市场的定位和市场营销组合的确定等主要决策。市场营销战略的制定是一个确定企业竞争优势的过程。价格策划服务于整体营销战略，以保证企业竞争优势的实现，避免价格竞争的盲目性。

2. 市场环境分析

市场环境分析主要包括微观环境中对竞争对手、潜在顾客、供应商、中间商等的分析，及宏观环境中对经济环境、政治环境、社会文化、自然环境等的分析。但这些仅是基本面的分析，对进行价格竞争的企业来说，还要针对市场的情况研究市场集中度。一般以行业居前四位或八位的厂商占行业总产量或销售额的百分

比作为集中度的衡量标准，如果其百分比超过50%，说明该行业为高度集中的行业。在高度集中的行业中，若有一家企业发动价格竞争，势必会遭到其他企业的猛烈攻击。在这种情况下，任何一家企业在进行价格调整之前，都必须审慎分析市场环境。

3. 时机分析

价格竞争需要周密的策划工作，时机的选择往往是决定策划成功与否的关键。通常产品销售有淡季与旺季之分，在淡季，企业为保持正常的资金流，需要及时以低价抛售存货变现，所以比较容易发生价格竞争。当然有许多企业为了扩大市场份额，在市场中引起公众的注意，在产品销售旺季也会率先发动价格竞争，这同样需要对时机有十分准确的分析。

4. 市场营销组合分析

产品、价格、分销和促销构成了市场营销组合系统。由于在市场中竞争者相互模仿，各种营销组合策略同质化程度很高。所以，价格策略就成为许多企业常用的竞争手段。但市场营销组合是4P的动态组合，即在进行价格策划时，需要对营销组合的其他因素同时进行分析，这样价格策划才会取得成功。

5. 市场供求分析

当一个产品在市场中供求达到平衡时，促销手段就成为比较常用的竞争方式，如企业大量做广告的目的就是为了扩大企业产品的销售量。但是当出现供需不平衡，尤其是供过于求时，促销手段的激烈竞争将会使销售量迅速下降，此时采用价格竞争就能够比较迅速地增大市场份额，提高市场占有率。

6. 成本分析

企业的产品销售成本主要包括原材料成本、生产成本、储运成本、营销成本、财务成本等。低成本的企业在竞争中可以获得竞争优势。美国学者迈克尔·波特认为，10种主要的成本驱动因素决定了价值活动的成本行为，它们是规模经济、学习、生产能力利用模式、联系、相互关系、整合、时机选择、自主决策、地理位置和机构因素。当企业能够将这些因素置于控制之下时，企业将会获得成本优势。成本是决定企业产品销售价格的重要因素。一个具备成本优势的企业在竞争中将会占据主动地位。

(四)价格策划方案的选择

价格策划方案制定以后,就需要对方案进行选择,并付诸实施。一般根据以下几个原则来选择。

1. 企业效益与社会效益相结合

价格方案的选择涉及企业效益与社会效益的关系。企业效益与社会效益有时一致,有时矛盾。企业效益与社会效益一致时,便相得益彰。例如,商品供不应求时提价,商品供过于求时跌价。商品供求平衡时的价格对企业效益有利,企业能获得较高的利润。企业及时推销产品,对社会效益也有利,消费者能够接受,社会能合理配置资源。当两者发生矛盾时,则应以社会效益为主,兼顾企业效益。

2. 经营风险与科学预测相结合

价格方案的选择涉及企业经营风险。价格的高低直接影响商品的出售。正如马克思所说"出售商品是惊险的跳跃","这个跳跃如果不成功,摔坏的不是商品,但一定是商品占有者"。

一般来说,风险大,收益高;风险小,收益低。对于企业家来说,不能"前怕狼、后怕虎",需要有冒险精神,但同时也要进行科学预测。风险管理是指各经济单位通过识别风险、衡量风险、分析风险,并在此基础上有效控制风险,用最经济合理的方法来综合处理风险,以实现最大安全保障的科学管理。

3. 方案构想与方案实施相结合

价格策划方案最终要付诸实施,因此要有可行性。可行性研究就是根据实际情况对方案在经济上的合理性及操作上的可行性进行分析论证。

(五)价格策划方案的实施

价格策划方案确定以后,便要付诸实施。此时一方面要与实施方案的有关方面进行联系，另一方面要收集方案实施后的信息。

1. 方案实施的联系

价格策划方案集中在价格的制定和变动上。管理部门在将新定价格或调整价格与方案实施的有关方面进行联系时，必须做好以下几项工作：

第一，及时通知基层实施单位。

第二，及时通知有关客户。

第三，调整价签。

企业应明确价格联系制度，按制度规范执行。

2. 收集反馈信息

价格方案实施一段时间后，需要调查方案实施的效果。因此，要收集各种反馈信息。需收集的信息主要有以下几点：

第一，新价格实施后购方的反应。

第二，与价格目标有关的各项数据，据此进行效果和目标的比较。

第三，新价格实施后的市场供求状态、竞争对手动态等，以便修正已定新价，或进一步策划新方案。

价格是新产品顺利进入市场、取得成功的至关重要的因素。许多新产品的失败往往是因为定价失误。

第二节 新产品入市价格策划

在市场营销中，新产品的含义比科技领域中的新产品的范围更为广泛，它是从市场和企业两个角度来进行判断的。从市场营销的角度来看，投入市场的新产品一般有四种：一是完全新产品，即采用新原理、新技术、新结构、新材料制成的新产品；二是换代新产品，即在原有产品基础上，采用新技术、新材料、新结构制成的具有新的性能和效用的产品；三是改革新产品，即利用现有技术对原有产品实施提高质量、增加规格、翻新款式等之后的新产品；四是仿制新产品，即企业模仿生产市场上已有的产品，使其成为本企业的新产品。

新产品在投放市场时一般具有以下特征：

第一,同市场上已有的类似产品相比,新产品在品质和用途方面有所改进,具有一定程度的技术优势。

第二,产品未最后定型,技术和操作不够成熟,性能和质量不够稳定,生产批量小,废品率高,资金占用量大,生产经营成本高。

第三,消费者对新产品缺乏了解和信任,对新产品有一个熟悉和接受的过程,需求量小,促销费用高。

第四,生产和经营该产品的企业少,即竞争者较少,甚至是独家生产经营。

以上是新产品刚投放市场时通常具有的特征,也是影响企业制定新产品价格的重要市场因素。如果新产品的技术和独家经营优势比较突出,就可以考虑较高的定价;如果新产品的技术尚不够成熟,消费者尚未完全接受,就要在定价上作相应的让步。

一般情况下,企业为新产品制定价格,既要考虑影响定价的有利因素,也要考虑不利因素,使之既能推动新产品的市场开拓,又能补偿新产品在投入期的高成本和高费用,以利于企业今后扩大生产和经营。

所谓新产品价格策划,是指企业为使自己的新产品适应消费者的需要而进行的价格活动谋划。新产品的价格策划是企业新产品开发工作的重要组成部分。新产品的价格策划恰当与否直接关系到新产品能否顺利进入市场,被消费者所接受并取得较好的经济效益。

一、全新产品的定价策划

全新产品是指采用全新原理、方法、原料、工艺生产的产品,它对于公司和市场而言都是前所未有的东西。对于这类新产品所面临的许多未知因素,公司需要进行大量的调研预测工作,然后作出判断:是采取高价策略,以便迅速收回开发研制的成本;还是采用低价策略,以期快速占领市场,抑制竞争者的加入。

二、新引进产品的定价策划

新引进产品是指企业通过引进、模仿别人的技术生产的产品。对于这种仿制品,企业应比照其他企业的定价,比较本企业产品在质量、信誉及服务水平上与其他企业的差异,制定适当的价格。

三、重新定位产品的定价策划

重新定位产品是指投放到新目标市场上的现有产品。通常情况下，任何一个企业都不可能囊括所有细分市场，而只能在重点区域占领一个或几个细分市场作为目标市场。企业把在原目标市场上取得成功或销量已达到饱和的产品，投放到新的目标市场上去，等于对现有产品进行一次重新定位。在此，企业要对新目标市场作认真细致的研究，考察市场上是否已存在同类型的可替代产品，进而依据市场对企业产品的潜在需求量制定出有竞争力的价格。

四、连续性新产品的定价策划

连续性新产品对企业和市场而言都不是全新的，而是在原有产品的基础上进行改造而产生的。例如，现有产品线的增补产品，对老产品提高性能、增加用途而生产的改良产品等。这类产品的定价要比照产品线中原有产品的价格，根据质量、性能的差异，制定不同的价格档次，以满足不同消费者的需求。需要注意的是，这类新产品的推出在时机、价格上都应以扩大企业整体利润为目标，而不应出现吞噬企业老产品市场的情况。

五、撇脂定价策略的策划

撇脂定价策略是指企业的新产品上市时要把价格定得尽可能高，以期及时获得较高的收益，在商品市场生命周期的初期便收回研发新产品的成本及费用，并逐步获得较高的利润，随着商品的进一步成长再逐步降低价格。其做法很像从牛奶的表面撇取奶油，故称为“撇脂法”。

（一）策划的目的

采取撇脂定价策略的目的是在新产品上市之初便赚取丰厚的利润，追求短期利润最大化，以迅速收回投资和弥补产品的研究与开发费用，增强企业产品高质、高价的形象定位，确立企业的优势竞争地位，掌握调价主动权。

（二）策划的条件

撇脂定价策略可尽早争取主动，达到短期获得最大利润的目标。当然采用这

种价格策划是有前提条件的,即撇脂定价策略的策划应在具备以下条件时才能采用:

第一,市场上有足够的购买者,他们的需求缺乏弹性,即使把价格定得很高,市场需求也不会大量减少。

第二,产品价格缺乏弹性,高价造成的需求或销售量减少的幅度很小,或者早期购买者对价格反应不敏感。

第三,新产品质量与价格相符。

第四,产品或服务处在介绍期,企业希望通过高价策略获得更多的利润。

第五,新产品与市场上现有产品相比具有显著的优点,能使消费者“一见倾心”,有足够多的消费者能接受这种高价并愿意购买。

第六,由于短时期内对产品进行仿制、复制有困难,仿制、复制产品出现的可能性小,竞争对手少。

第七,产品生命周期过短时,采用高价策略有助于短期内收回成本。

第八,企业重视利润胜过销售量,希望保持较高的利润率。

第九,产品受专利保护。

(三)策划时应注意的问题

第一,由于定价过高,可能难以争取渠道成员的支持。

第二,由于定价过高,可能得不到消费者的认可。

第三,由于定价过高,可能会吸引众多的生产者和经营者转向此产品的生产与经营,加速市场竞争的白热化。

六、渗透定价策略的策划

渗透定价策略也称低额定价策略,它与撇脂定价策略截然相反,是指在向市场推出新商品时,尽量把价格定得低一些,采取的是保本微利、薄利多销的方法。在商品上市后以较低的价格在市场上慢取利、广渗透,通过提高销售量来获得企业利润,可以占据较大的市场份额,而且也较容易得到销售渠道成员的支持。低价位、低利润对阻止竞争对手的介入具有很大的作用。

(一)策划的目标

采取渗透定价策略的目标是迅速渗透新市场,立即提高产品销售量和市场份额。企业不追求短期利润最大化,通过低价位、低利润阻止竞争对手的介入。

(二)策划的条件

采取渗透定价策略,应具备以下几个条件:

第一,商品的市场规模较大,存在着强大的竞争潜力。

第二,商品的需求价格弹性较大,稍微降低价格,需求量即会大大增加。

第三,通过大批量生产能降低成本,即生产成本和经营费用会随着生产经营规模的扩大而明显下降。

第四,当大多数竞争者都在降价,而且强大的竞争者还提供本企业无法与之匹敌的产品附加价值时,为了和竞争者保持均势,只好降低产品价格。

企业采用渗透定价策略,会刺激市场需求迅速增长,使现有消费者增加产品使用量,通过销售量的增加,可达到提高利润总额的目的。作为先发制人的竞争策略,渗透定价策略有助于提高市场占有率,因而在成熟的市场价格策划中经常采用。此外,低价可阻止实力不足的竞争者进入市场。这种扩大市场的定价政策,可使公司在竞争压力最小的情况下,获得大量最忠实的顾客。

(三)策划时可能存在的问题

第一,定价过低,一旦市场扩展缓慢,收回成本的速度也会变慢。

第二,低价容易使消费者怀疑商品的质量。

七、中间定价策略的策划

所谓中间定价策略,是指产品价格按本行业的平均定价水平或当时的市场行情来制定,即“随大流”。采用这种策略,企业制定的产品价格会得到消费者的认可,企业可以在不承担较大风险的情况下,获得比较稳定的市场份额;同时,价格不高不低,销售渠道成员觉得稳妥,因而能保持经营的积极性;从企业自身来看,可有计划地在适当的时间内收回产品的研制成本。采用这种定价策略,消费者、渠道成员及企业自身都满意,故中间定价策略又称“满意法”。

中间定价策略的最大优点是“稳”，它避免了前两种策略的缺点，但同时也在很大程度上抹杀了前两种策略的优点。采用此策略应避免商品因没有特色而打不开销路。

第三节　产品调价策划

产品的价格不是固定不变的，企业需要根据客观环境和市场形势的变化随时对原价格进行调整，以争取竞争主动权。

一、主动提价策划

（一）提价的原因

企业主动提高产品的价格，主要有以下几个原因：

第一，企业对利润的渴求。一个成功的提价能够增加相当大的利润。

第二，成本膨胀。产品制造成本增加，如税制调整、原材料涨价、品质工艺改良等与生产率增长不相称的成本的提高，压低了企业的利润，会导致企业定期提高产品价格。

第三，产品供不应求。当产品的数量不能够满足顾客需求时，可能会提价。企业提价时要告诉顾客提价的原因，企业的推销人员应帮助顾客找到经济实用的应对方法。

第四，产品内在、外在质量的提高。

（二）提价的方法

从一般意义上理解企业产品价格上涨，消费者是不愿意接受的，他们可能会感到心理不平衡。许多产品的价格上涨很长一段时间后，才慢慢地被人们接受，其损失的市场是可想而知的。但同时还有另一种情况，即人们都有一种买涨不买跌的心理。当产品价格持续上涨时，消费者蜂拥购买；当产品价格下降时，人们反而持一种观望的态度。虽然理论界将这种现象解释为人们购买心理的不成熟，但是这种现象在发达国家也同样存在。所以企业在进行提价策划时应讲究策略。具体而言，提价策略一般有以下几种：

1. 暗调策略

在一般情况下，消费者对企业提价是持反对态度的。所以，企业提价时最好采取暗调的办法。市场研究表明，一般企业产品提价应以10%为界限，这一幅度比较符合消费者的心理承受能力，超过15%，风险就较大。在可能的情况下，企业最好以多种方式来暗调价格。

第一，以更换产品型号、种类的方式变相提价。很多工业产品由于在工艺上有一定的区别，往往同一产品有若干种型号，这对于提价来说，就比较容易操作，一般只要更换一种型号，或在外观设计上略加改变就可以做到。这种提价方式消费者几乎觉察不到，也就谈不上心理能否接受的问题了。另一种提价方式体现在营销策略上，即花大力气扶持新产品，同时压缩原产品的销量，直到新产品取而代之。应当说这是一种科学的提价方法。

第二，减少产品数量而保持价格不变，达到实质涨价的目的。对于已经有了习惯定价的产品，可以通过减少产品的数量来达到涨价的目的。这样，当竞争对手提价时，企业却可以反复声明价格不变。尽管从实质上来说，企业和竞争对手所获得的实际利润差不多，但消费者更能够接受该企业的产品而不是竞争对手的产品。这与消费者的消费习惯有关，也与消费者对涨价的反感有关。

2. 明调策略

有时候企业为了在市场上获得更好的销售量，或者为了维持在行业中的地位，公开宣布提价，这就是明调策略。

3. 事前放风

事前放风是指企业在提价前向经销商有意无意透露信息，促使经销商提前进货。如果突然通知提价，经销商则可能处于观望状态，会停止或减少进货，而且在他们没有任何准备的情况下提价，容易引发抵触情绪。

4. 先试点，后推广

根据细分市场的不同情况，选取具有代表性的地区，实行新价格，观察市场反应，及时解决提价后出现的问题，时机成熟后再大面积推广。

在进行价格策划时,消费者的购买行为是企业首先要考虑的因素。产品价格调整,单凭企业的一厢情愿是不可能达到目的的,企业决不能将价格强加于消费者和市场,这样做只会弱化价格作为“供求调节器”的作用。只有通过严谨的可行性论证和因势利导的营销策略,企业才能克服和减少因调价带来的负面影响。

二、主动降价策划

对于更多的产品来说,在目前市场商品极其丰富、消费者选择多样化的情况下,降价更符合市场要求。降价对企业来说是一个重大决策,如果不对此做认真研究,那么企业将可能得不偿失。以下几种情况可能会使企业考虑降价。

第一,企业拥有过多的生产能力。此时企业需要追加新的营业额,但通过加强推销、改进产品或其他可供选择的措施并不能提高销售额,必须依靠降价策略。

第二,竞争对手发动了价格竞争,而且企业市场份额正在下降。例如,在20世纪90年代,国产彩电面对日本和美国产品的竞争时,市场份额不断下降,于是它们发动了价格战,从而迅速提高了市场份额。

第三,为争取在市场上居于支配地位,或者使其成本低于竞争者而采取降价。

对于降价,消费者可能有以下几种反应:一是认为将会有新产品取代原有的产品;二是认为产品本身有问题,销路不畅;三是认为企业财务上有困难,难以继续经营下去;四是认为价格可能还会下降,等一等再买;五是认为这种产品质量相对下降。

如果企业降价引起消费者上述反应,那么企业的降价策划可能是失败的。所以企业在实施降价策划时必须与消费者进行沟通。例如,“长虹”在降价时,在媒体上宣扬其产品的民族性,让消费者认为其降价是为了抗击国外品牌,维护民族工业的发展。这一策略起到了良好的作用。所以,企业在进行降价策划时应采取一定的策略。具体而言,降价策略一般有以下两种。

(一)暗降策略

企业实行降价可能会引发消费者的误解,也有可能导致竞争对手的报复,所以企业采取降价策略应谨慎。正如提价可以暗提,降价也可以暗降,即保持价格不变,而在产品包装、数量等方面给予消费者优惠。暗降的方式有很多,常用的主要有以下四种。

1. 实行优惠券制度

实行优惠券制度是指通过发放或在报纸广告栏中刊登优惠券，并告诉消费者凭此券到指定的零售店去购买指定的商品，可以享受一定折扣的优惠。这一做法对消费者产生的影响是：该商品并非滞销，并非过时，并非质量差，它不是降价，而是对部分人优惠，我就是其中一员。因此他们就会踊跃购买。应注意的是，优惠券的发放量不应过大，要给人机会难得的感觉；报纸刊登的优惠券应有时间限制，这样人们才会有赶紧购买的紧迫感。

2. 退还部分货款

这种方式是直接告知消费者，如果将证明购买特定商品的证件或标签寄给厂家，厂家就会将一定的金额返还给买主。

3. 实物赠送

这种方式是指向消费者赠送一定的物品。例如，"黑人"牙膏曾采取过的一种销售方式是购买"黑人"牙膏就赠送一套茶杯；"舒蕾"洗发水也采用过每购买一瓶洗发水便赠送一瓶沐浴露的促销方式。这都是企业通过赠送实物的方式达到降价的目的，但是又没有影响产品形象的例子。

4. 以新产品面貌出现

所谓以新产品面貌出现，是指经由简化包装、更换品牌，使老产品以新面貌出现。这种新产品的定价较老产品要低，容易销售。例如，"长虹"在农村市场推出的彩电，去掉了不少不常用的功能，售价更低，从而获得了农村市场的大部分份额。

（二）明降策略

企业降价的目的是打败竞争对手，获取市场份额，提高市场占有率。运用暗降的策略只是小幅降价，难以达到迅速提高市场占有率的目的，所以许多企业选择了明降的策略。近几年来，彩电降价、微波炉降价等都是公开宣布降价的。明降策略带来的最大的问题是容易引起价格大战。

在实际操作中，公开降价需要把握的一个原则是：为了达到目的，最好一次降到底。当企业有竞争对手时，可考虑把价格降到对方无法跟进的程度。如果企业不断采用降价策略，可能会使消费者持观望的态度，反而达不到预期的促销目的，这样企业既损失了利润，市场占有率也难以得到提高。

企业在推广新产品阶段，可协同部分同行共同降价，以扩大市场占有率。比如VCD产品最初上市时，为了向消费者宣传其优势，改变人们使用录像机的习惯，万燕、先科、金正等厂家协商，共同降低价格。这种行为从表面来看是牺牲了部分利益，但是通过降价却换取了更大的市场占有率，非常值得。

三、面对竞争者调价的策划

不是所有的企业都会采取主动提价或降价的方式，那么如果竞争对手主动发起价格竞争，企业应如何应对？在异质产品市场，对于竞争者的调价，企业作出反应的自由度较大，因为买主购买时有很多的因素要考虑，降低了对价格的敏感度。而在同质产品市场中，竞争者提价时，有些企业可能不跟进，这样可能在短期内会扩大市场份额，但在较长时期内，产品形象就可能受到损害。如20世纪80年代初期，当白酒普遍提价时，董酒没有提价，因此当年获得了很大的市场份额，但是随后其产品就沦为了中低档酒，想要再提价已经不可能了。但如果竞争者降价，企业别无选择，也只能降价，否则顾客会转而去购买竞争者价格较低的产品。具体而言，对于竞争者调价，企业可作出如下策划。

（一）价格策划前的调查与分析研究

面对竞争者的调价，企业要做出正确的应对措施，变被动为主动，就必须考虑以下问题：

第一，为什么竞争者要变动价格？它是想悄悄地夺取市场，利用过剩的生产能力适应成本变动状况，还是要领导一个行业范围内的价格变动？

第二，竞争者的价格变动是临时的还是长期的措施？

第三，如果本公司对此不作出反应，本公司的市场份额和利润将会发生什么样的变化？其他公司是否会作出反应？

第四，对于每一种可能出现的反应，竞争者与其他企业的回答可能是什么？

（二）价格策划思路

在此以降价为例进行分析。企业总是经常受到其他企业以争夺市场占有率为目的而发动的挑衅性降价攻击。当竞争者的产品在质量、性能等方面与本企业的产品没有差别时，竞争者产品的低价就有利于其市场份额的扩大。此时，企业可依据以下价格策划思路采取措施。

第一，维持原价。如果企业认为降价会导致企业利润大量减少，或认为企业顾客的忠诚度会使竞争者市场份额的增加极为有限时，可采取这一策略。但如果由于竞争者市场份额的增加而出现其竞争意愿增强、企业顾客忠诚度减弱、企业员工的士气动摇等情况，那么这一策略可能会使企业陷入困境。

第二，维持原价，并采用非价格手段（如改进产品、增加服务等）进行反击。

第三，追随降价，并保持所提供产品的价值不变。如果降价能促使成本随销量增加而下降，或者产品的需求价格弹性较大，不降价会导致市场份额大幅度下降，而要恢复原有的市场份额将付出更大的代价，企业应该采取这一策略。

第四，提价并推出新品牌来围攻竞争对手的降价品牌。这将贬低竞争对手降价品牌的市场定位，提升企业原有品牌的定位。

第五，推出更廉价的产品进行竞争。企业可以在市场占有率下降时，对价格很敏感的细分市场采用这种策略。

价格策划是营销策划的重要组成部分，是市场营销策划的基础。价格策划包括新产品入市价格策划、产品调价策划等。

新产品的开发是企业生存和发展的重要前提，新产品价格策划是企业营销策划的重点，企业要生存与发展，只有不断地推出新产品，才能更好地适应市场和满足消费者的需要。新产品价格策划是指企业为使自己的新产品适应消费者的需要而进行的活动谋划。它是企业新产品开发工作的重要组成部分。新产品的价格策划恰当与否直接关系到新产品能否顺利进入市场、被消费者所接受并取得较好的经济效益。

由于市场环境在不断变化，所以企业需要根据客观环境和市场形势的变化随时对原有价格进行调整，以争取竞争主动权。但是由于市场对价格十分敏感，所以企业对产品价格进行调整时必须仔细谋划。

第四节　分销渠道网络建设策划

一、分销渠道发展的新趋势

在现代市场营销竞争中，企业营销渠道的发展出现了新的趋势，选择适合自己的分销渠道成为企业决胜的关键。这个趋势就是由传统的渠道设计向现代的分销网络方向发展。这是分销策略的一次重要革命。

传统营销渠道由各自独立的生产者、批发商和零售商组成。每个成员都作为一个独立的企业实体，追求自己利润的最大化，即使以损害网络整体利益为代价也在所不惜；没有一个渠道成员对于其他成员拥有足够的控制权。美国营销专家麦克康门把传统营销描述为“高度松散的网络，其中，制造商、批发商和零售商链接在一起，相互之间进行不亲密的讨价还价，对于销售条件各执己见，互不相让，所以各自为政，各行其是”。

由于传统的营销渠道之间缺乏紧密联系，所以彼此之间的合作难以持久。而且，渠道内部的冲突和竞争经常发生。这种冲突包括横向渠道冲突和纵向渠道冲突。所谓横向渠道冲突，是指存在于渠道同一层次的成员之间的冲突。在市场中经常发生的地区经销商利用低价在相邻的销售区域内窜货、经销商间的低价竞争，都属于横向渠道冲突。所谓纵向渠道冲突，是指同一渠道中不同层次的成员之间的冲突。

菲利普·科特勒认为：“零售业中新的竞争，不再是独立的企业实体之间的争夺，而是集中规划网络工作的综合性体系（公司式的、管理式的和契约式的）之间，为了达到最佳成本和顾客反应所进行的争夺”。也就是说，传统营销渠道将让位于新兴的渠道网络，这将成为一种趋势。

渠道网络是一个体系，是销售、服务、商情、宣传、客户的有机结合。渠道网络的优劣是企业营销能力高低的重要评价指标。在传统营销渠道基础上升华的现代渠道网络具有以下几大重要功能：

第一，商品流通功能。企业通过自设的或代理商的销售网络，将产品层层传递，最后在网络终端完成销售，形成往返的资金流和物流，企业也因此不断获得利润和活力。因此，渠道网络首先是一个“渠道”，这个渠道可实现资金和产品的不断对流，从而使企业不断获得生存和发展动力。

第二，营销推广和形象传播功能。传统的营销渠道只是完成销售功能，但是现代的渠道网络被赋予了营销推广的职能。例如，某些家电品牌专卖店是由国内大型知名家电生产企业自建的，这些专卖店兼具宣传品牌和销售产品的作用。

第三，信息采集功能。网络销售一方面可以掌握销售动态，反映销售情况，为生产提供信息；另一方面可以联系消费者，反映消费者的需求，为下一步决策提供资料。渠道网络这种独特的信息采集功能,是其他销售模式无法比拟的。

第四,网络的兼容性。网络的兼容性是指企业在实现一种产品销售的基础上,能不断适应企业发展与新产品拓展的需要,迅速有效地提高企业其他种类产品的销售力,使其快速攻入市场并提高市场占有率。当然,渠道网络在兼容的同时也要注意自身产品的形象定位,尽量削弱对这种定位的负面影响,达到不同产品在同一网络互相映衬的效果,以节约企业的资源。例如,TCL 利用其建立的庞大渠道网络,兼容了电视、手机、电脑等产品的销售。

第五,吸纳人才。庞大的渠道网络像庞大的根须,它的触角伸展到哪里,就会在哪里树立起企业的形象,吸纳当地的人才,为实现企业人才本地化提供平台。所以,加强渠道网络建设,对于企业人力资源的建设具有积极的意义。

第六,提供快捷、温情的服务,强化了与顾客的沟通。

从以上六方面可以看出,在现代市场竞争中,营销网络被赋予的多种功能,正是营销网络在营销活动中重要性的体现,这也是传统营销渠道所不具备的。同时我们可以看出,渠道网络由于整合了传统营销渠道,所以加强了渠道合作,并且通过网络管理和控制,渠道之间的冲突和竞争减少了,渠道成员之间的关系也由竞争转向了合作。

二、分销渠道策划工作步骤

在现代市场中,渠道承担着许多功能,这促使市场竞争围绕着渠道网络的建设而展开。在市场上有许多经销商,他们并不是随随便便就可以成为企业渠道网络的成员。在竞争环境中,企业需要建设一个专有的渠道网络。建设专有的渠道网络是企业步入稳健经营的主要条件,有了专有的渠道,企业就可以通过它向目标市场源源不断地输送产品,取得稳定的销售收入,并有效地控制销售费用。同时专有渠道可以在竞争激烈的大环境下,减轻企业的竞争压力,防止竞争对手突袭,在竞争中取得主动。

(一)确定分销渠道建设目标

渠道网络在竞争中所起的作用是有目共睹的,它与其他营销策略一起构成了企业完善的营销体系。具体来说,渠道网络的建设应考虑顾客特性、产品特性、中间商特性、竞争特性、公司特性、环境特性等各方面的因素,通过对这些因素进行分析，企业就可以确定自己的渠道网络建设目标了。分销渠道网络建设的目标主要有以下几点：

第一，提高渗透率。如将现有的经销店由100家扩充到180家。

第二，开辟新的销售渠道。企业开发出新的产品，需要开发新的销售渠道。

第三，确定各种销售渠道的销货比率组合。企业可依据各种销售渠道的获利情况、政策需要、竞争策略等，设定销货比率组合目标，如百货公司25%、超级市场40%等。

第四，提高经销商的销售周转率。这是企业提高经营效率的重要目标。

第五，确定物流成本及服务质量目标。财务人员往往强调物流成本，但是一味地降低物流成本而忽视客户满意度，也是市场营销所不能接受的，因此确定物流成本及服务质量目标也是建设销售渠道的一项重要目标。

第六，确定企业及经销商的目标。

第七，确定不同销售渠道的投资报酬目标。

第八，确定流通信息化的目标。

（二）策划分销渠道结构

策划分销渠道结构一般包括分析服务产出水平、确定渠道目标、分析影响渠道设计的主要因素、确定渠道结构方案和评估主要渠道方案五个方面：

1. 分析服务产出水平

渠道服务产出水平是指分销渠道策略对顾客购买商品和服务问题的解决程度。

影响渠道服务产出水平的因素有以下五项。

第一，购买批量：顾客每次购买商品的数量。

第二，等候时间：顾客在订货或现场决定购买后，一直到拿到货物的平均等待时间。

第三，便利程度：分销渠道为顾客购买商品提供的方便程度。

第四，选择范围：分销渠道提供给顾客的商品花色、品种、数量等。

第五，售后服务：分销渠道为顾客提供的各种附加服务，包括送货、安装、维修等内容。

2. 确定渠道目标

渠道目标应表述为目标服务产出水平。无论是创建渠道，还是对原有渠道进行变更，设计者都必须将企业的渠道设计目标明确地表达出来。

3. 分析影响渠道设计的主要因素

第一，顾客特性

渠道设计深受顾客人数、地理分布、购买频率、平均购买数量及对不同促销方式的敏感性等因素的影响。当顾客人数较多时，生产者倾向于利用每一层次都有许多中间商的长渠道。但购买者人数的重要性又受到地理分布因素的影响。例如，生产者直接销售给集中于同一地区的500个顾客所花的费用，远比销售给分散在500个地区的500个顾客少。而购买者的购买方式又影响着购买者的人数及其地理分布。如果顾客经常小批量购买，则需采用较长的分销渠道为其供货。因此，少量而频繁的订货，常使得五金器具、烟草、药品等产品的制造商依赖批发商为其销货。同时，这些相同的制造商也可能越过批发商而直接向那些订货量大且订货次数少的大顾客供货。此外，购买者对不同促销方式的敏感性也会影响渠道的选择。例如，越来越多的家具零售商喜欢利用产品展销会进行促销，从而使得这种渠道得以迅速发展。

第二，产品特性

例如，易腐烂的产品为了避免拖延时间及重复处理增加腐烂的风险，通常需要直接营销。那些与其价值相比体积较大的产品（如建筑材料、软性材料等），需要通过生产者到最终用户搬运距离最短、搬运次数最少的渠道来分销。非标准化产品（如顾客定制的机器和专业化商业表格），通常由企业推销员直接销售，这主要是由于不易找到具有该类知识的中间商。需要安装、维修的产品经常由企业自己或授权独家专售特许商来负责销售和保养。单位价值较高的产品多由企业推销人员而不是通过中间商销售。

第三，中间商特性

设计渠道时，还必须考虑执行不同任务的市场营销中间机构的优缺点。一般来讲，不同的中间商在执行运输、广告、储存及接纳顾客等职能方面，及在信用条件、退货特权、人员训练和送货频率方面，都有不同的特点和要求。

第四，竞争特性

生产者的渠道设计还受竞争者所使用的渠道的影响，因为某些行业的生产者希望在与竞争者相同或相近的经销处与竞争者的产品抗衡。例如，食品生产者就希望其品牌和竞争品牌摆在一起销售。有时，竞争者所使用的分销渠道反倒成为生产者所避免使用的渠道。

第五，企业特性

企业特性在渠道选择中扮演着十分重要的角色，主要体现在以下几方面：

(1)总体规模。企业的总体规模决定了其市场范围、客户规模及强制中间商合作的能力。

(2)财务能力。企业的财务能力决定了哪些市场营销职能可由自己执行，哪些应交给中间商执行。财力较弱的企业一般都采用“佣金制”的分销方法，并且尽量利用愿意并且能够分摊部分储存、运输及融资等成本费用的中间商。

(3)产品组合。企业的产品组合也会影响其渠道类型。企业产品组合的宽度越大，与顾客直接交易的能力越强；产品组合的深度越大，使用独家专售就越有利；产品组合的关联性越强，越应使用性质相同或相似的市场营销渠道。

(4)渠道经验。企业过去的渠道经验也会影响渠道的设计。曾通过某种特定类型的中间商销售产品的企业，会逐渐形成渠道偏好。例如，许多直接将老式厨房用具销售给零售食品店的制造商，就曾拒绝将产品交给批发商。

(5)营销政策。现行的市场营销政策也会影响渠道的设计。例如，对最后购买者提供快速交货服务的政策，会影响到生产者对中间商所执行的职能、最终经销商的数目与存货水平及所采用的运输系统的要求。

第六，环境特性

经济环境也是影响渠道设计的重要因素。例如，当经济萧条时，生产者都希望采用能使最后顾客以廉价购买的方式将其产品送到市场。这也意味着使用较短的渠道，并免除那些会提高产品最终售价但并不必要的服务。

4. 确定渠道结构方案

没有任何一种渠道可以适应所有的企业、所有的产品，即使是性质相近，甚至是同一种产品，有时也不得不采用迥然不同的分销渠道。影响渠道结构的因素很多，基本因素有以下几点：

第一，市场因素：渠道设计深受市场特性的影响。

第二，产品因素：它是影响渠道结构十分重要的因素。

第三，企业因素：企业在选择分销渠道时，还要考虑企业自身的状况。

明确了企业的渠道目标和影响因素后，企业就可以设计几种渠道结构方案以备选择。一个渠道结构方案应包括三方面的要素，即渠道的长度策略、渠道的宽度策略和商业中介结构的类型。

5. 评估主要渠道方案

评估主要渠道方案是指，在那些看起来可行的渠道结构方案中，选择出最能满足企业长期营销目标的渠道结构方案。因此，必须运用一定的标准对渠道进行全面评价。其中常用的有经济性、可控制性和适应性三方面的标准。

第一，经济性：企业的最终目的在于获取最佳经济效益，因此，经济效益方面主要考虑的是每一条渠道的销售额与成本的关系。

第二，可控制性：在企业对渠道的控制力方面，自销当然比利用销售代理更有利。

第三，适应性：市场需求和由此产生的各个方面的变化，要求企业有一定的适应能力。

（三）渠道成员管理与控制策划

在企业渠道网络中，渠道成员之间不可避免地存在冲突与竞争，所以如何与渠道成员建立一种良好的合作关系，对企业渠道网络的建设尤为重要。这种良好的合作关系要依靠企业建立一种有效的管理体系来完成。

对渠道成员的管理与控制主要包括如何选择经销商、代理商，如何制定合适的经销商政策、如何激励经销商、如何控制区域市场及如何对违反规则的经销商进行处罚等。可以说，对渠道成员管理水平的高低是决定营销网络成败的关键。

三、策划适合企业发展的分销渠道网络模式

一个企业所处的行业和所经营的产品不同，选择的分销渠道网络模式也会不同。通常来说，分销渠道网络主要有下述几种模式。

(一)自建营销机构

一般来讲,是否自设营销机构可从以下两方面考虑。

首先,从经济标准上来看,企业自设营销机构所消耗的营销成本与企业选择经销商和代理商所消耗的营销成本在某一个销售水平点上是相等的。当销售成本高于这个销售水平时,利用中间商较为有利;而当销售成本低于这个销售水平时,利用企业自己的推销机构更为适宜。一般来讲,中间商适宜于小型企业,当然大企业也可以在某一个小区域采用,比如这个区域的销售量很低,就没有必要使用企业自己的推销员、销售代表或在此设立办事机构。

其次,从控制标准上来看,企业营销机构的组建将强化对渠道网络的管理。营销机构使企业直接面对顾客,所以渠道的畅通性、市场推广的力度、市场终端管理与控制的力度等,都要优于选择代理商和经销商。这是因为,代理商和经销商的推销人员可能还没有掌握企业产品的技术细节,或者不能有效运用企业提供的材料,从而使企业难以控制,达不到建设销售网络的目的。但从适应市场的角度来评估,企业自设的营销机构则可能由于不熟悉当地市场而对销售一筹莫展。许多外国企业进入中国市场时,一般都会选择中间商,就是出于这方面的考虑。

(二)经销商模式

经销商拥有产品的所有权,通过自己的经营获得利润。经销商从企业进货不是自己用,而是转手卖出去。经销商关注的是利差,而不是实际的价格。经销商的经营范围和方式如下:

第一,独立的经营机构。

第二,拥有商品的所有权(买断制造商的产品/服务)。

第三,获得经营利润。

第四,多品种经营。

第五,经营活动过程不受或很少受供货商限制。

第六,与供货商责权对等。

受自身实力等因素的影响,生产者吸引合格经销商的能力是不同的,有些企业很容易就能找到经销商,如创维、海尔等公司,但大多数中小企业却常常要花费很大的精力寻觅经销商。通常，企业寻找经销商需要考虑以下几方面条件。

第一，经销商的市场范围。

第二，经销商的产品政策。

第三，经销商的地理区位优势。

第四，经销商的产品知识。

第五，预期合作程度。

第六，经销商的促销政策和技术。

第七，经销商的综合服务能力。

一个企业的规模大小与所生产的产品决定了其选择什么样的经销商。在现阶段，由于我国许多企业正在转制，所以选择经销商就要根据其所有制的性质、经营的历史及地区经销商的网络构成状况来做决定。总之，选择经销商要依据实际情况。

（三）代理商模式

代理商是指某产品在销售过程中由生产厂家授权在某一区域有资格销售该产品的商家。代理商和经销商是截然不同的两个概念。代理是代企业打理生意，不是买断企业的产品，是厂家给予授权的一种经营行为，产品的所有权属于厂家。

代理商的建立可以分担厂商的风险，使厂商与代理商共同拉动市场，从而降低厂商的经营风险。

代理商分为全球代理、地区级代理、国家级代理、省市县级代理、区域代理、品牌代理、独家代理等。所有代理商都有相应的特权，级别较低的代理商原则上由高一级的代理商管理。代理的区域越大，条件越高，比如代理费用、代理保证金、代理的销售指标等。

代理商是有管理职能的渠道维护者，除业务管理外，代理商同时具备品牌管理、促销管理、服务对接、财务管理等各项职能。

在现实中，现在所称的“代理商”在本质上已经不是代理商了，更多的是二者的混合体，即既有代理行为，又有销售行为，所以称其为有代理权的经销商更为合适。

代理商模式对于厂家节省财力、提高销售效率具有重要意义。生产企业选用何种代理方式，取决于其产品的销售潜力、企业的营销基础设施、企业对代理商的管理水平等多方面的因素，所以要灵活运用独家代理和多家代理、买断代理和佣金代理及总代理等不同方式，使企业达到促进产品销售、占有市场的目的。

1. 选代理商

厂家在初期给予代理商一定额度的货款信用（这里涉及很多方面的考查，如信用、口碑、渠道、资金实力、财务状况等），如厂家提供30万元的货款作为对代理商的支持，也就是“放货”“铺货”“提供样品”双方签订合同，在一定时期内，必须完成多少指标。

2. 步入正轨

从第二批货开始，代理商就必须全额支付货款，不得拖欠，否则不放货，这种形式从理论上说已经不是代理商了，而是前述所说的经销商。

3. 费用

新产品上市需要部分广告的投入，厂家一般都有这方面的扶持政策。在这点上，代理商也有很多“猫腻”，部分“代理商”经营多种同类产品，它们有自己的渠道、客户，所以在新产品的销售上并不需要大额的广告支出，但是却会向厂家上报较高的费用。

4. 价格

正常情况下，代理商与厂家的市场价是一样的，但是有的代理商会要求在其代理的范围内变更价格，所以就会有区域价格。在现实中，各地的价格由代理商自行控制，而厂家则会给出一个最低价。

5. 期末

一般在月底计算本月的销售额及完成的指标，得出本月的返利，包括价保、广告费用等。对于返利，厂家不会以现金方式返还给代理商，而是在下月进货时作为代理商的货款从中抵扣。

(四)直销模式

直销是指生产厂家直接将产品销售给消费者,如戴尔电脑公司就采用直销的方式。这种销售方式主要有上门推销、邮购、制造商自设商店及互联网销售等。直销网络的建设主要依靠现代营销媒介,如邮政网络、电信网络、电视网络、互联网等。在这方面做得最好的是戴尔公司,所以直销模式又被称为戴尔模式。所谓戴尔模式,就是由戴尔公司建立一套与客户联系的渠道,由客户直接向戴尔发订单,订单中可以详细列出所需的配置,然后由戴尔“按单生产”。这种模式的实质是简化、消灭中间商,从而节省销售成本和储存成本,通过与顾客直接沟通达到产品销售的目的。

直销模式与传统的分销模式相比具有比较明显的优势。直销关注的是与顾客建立一种直接的关系,让顾客能够直接与厂家互动。不管是通过互联网还是通过电话,或者是与销售员面对面互动,顾客都可以十分方便地找到他们需要的产品,并能够得到专业的服务。同时厂家可以准确了解顾客的信息,有效地对顾客进行跟踪服务。

大多数产品都适用于直销模式,而且越来越多的人愿意接受直销。直销不仅仅指面对面的销售,它还可以通过其他途径,与顾客建立互动关系。所有的大众化标准产品都有机会实现直销,从而节省很多用于销售渠道、代理商、展厅等方面的开支,相当于把这些钱转送给顾客。这样产品更便宜,或者说可以为用户提供更有成本效益的产品。

但是,建立直销模式需要一定的条件。其中,资产条件是最大的约束。首先是在广告上投入较大。由于缺少与顾客面对面交流的机会和诸多的销售网点,直销厂商必须加大其他方面的宣传力度。其次,从表面上看,直销越过了中间商,节省了可观的销售成本,但事实是,生产企业首先要拥有一个庞大的全球信息和通信网络,包括免费的电话和传真支持。如戴尔公司平均每天要处理 5 万多个电话。同时,企业还要建立一支优秀的销售服务队伍。戴尔公司为了弥补市场覆盖面和服务队伍精力上的缺乏,专门建立增值服务渠道(VAR),这需要耗费较多的费用。与一般的 PC 厂商相比,戴尔公司需要更强大的计划、培训、投资和管理能力,而这一切都需要较大的投入。当然,除此之外,企业的产品要适合直销也是一个重要的条件。

(五)垂直渠道网络

垂直渠道网络是针对传统营销渠道关系比较松散的特点,通过产权、特约代营或者加盟合作的方式,建立的一种由生产者、批发商和零售商所组成的统一联合体。垂直渠道网络可以由生产商支配,也可以由批发商或者零售商支配。垂直渠道网络有利于控制渠道行动,消除渠道成员为追求各自利益而造成的冲突。它们能够通过其规模和重复服务的减少而获得效益,并通过这种联系方式,获取最佳顾客反应。目前垂直渠道网络主要有以下三种类型:

1. 公司式垂直渠道网络

公司式垂直渠道网络是由同一个所有者名下的相关生产部门和分配部门组成的。这种渠道网络之间是由产权互相联系的。一般是一个企业通过收购渠道企业的股权,达到彼此之间的利益相通,而得以控制渠道企业。这种模式使用的前提是,生产企业要有一定的经营规模和资产规模。

2. 管理式垂直渠道网络

管理式垂直渠道网络不是由同一个所有者名下的相关生产部门和分配部门组成的,而是由某一家规模大、实力强的企业出面组织的。即名牌生产企业利用其在市场中的地位,在商品展销、货柜位置、促销活动和定价政策等方面,得到经销商大力支持的一种渠道网络。显然,对于生产企业来说,这种模式是依靠其强大的市场地位建立起来的,对于一般的生产企业不具有参照意义。

3. 契约式垂直渠道网络

契约式垂直渠道网络是指生产企业以契约为基础统一渠道成员的行动,以求得比独立行动更好的销售效果。在市场中,契约式垂直渠道网络的联系方式是契约,所以其建立的基础要比上面两种形式薄弱,但适合大多数企业。

契约式垂直渠道网络有两种常见的形式:一种是代理制;另一种是加盟渠道网络。代理制是制造商通过组织各目标市场的代理商,以契约连接的方式建立起批发或零售代理网络。加盟渠道网络主要存在于服务业,一般由一个公司组织整个网络,以便将其服务有效地提供给消费者。如麦当劳就是通过与加盟企业订立契约，为加盟企业提供管理、技术、店面指导等服务，从而迅速扩大营销网络的。

(六)水平渠道网络

水平渠道网络是由两个或两个以上的企业联合开发一个营销机会，获得共同发展的一种模式。一般采用这种模式的企业缺乏资本、技术、生产或营销能力独自进行商业冒险或承担风险，或者它们发现与其他企业联合可以产生巨大的协同效应。企业之间的联合可以是暂时性的，也可以是永久性的，还可以专门组建一个联合企业。国内把这种营销方式称为捆绑式销售。

(七)多渠道网络

如今越来越多的公司利用多渠道网络进入市场。多渠道网络为两种不同层次的顾客提供商品：一是企业利用经销商或代理商网络为一部分顾客提供商品；二是企业通过自建的渠道网络为一些重要客户直接提供商品。这样做的目的是让企业不再单纯依靠经销商。但是这种营销网络如果管理不好，生产商就有可能与经销商发生矛盾，并导致整个渠道网络的瘫痪。

企业在实际的市场运作中，选择何种渠道网络模式，主要取决于企业的条件、市场的发展，所以，灵活选用不同的渠道网络模式可使企业在市场中更具竞争力。

第五节　分销渠道管理策划

一、经销商管理政策的制定

经销商政策是保证渠道畅通、促进生产企业与经销商“双赢”的重要条件。生产企业制定经销商政策时，往往因为对经销商激励和约束不够，导致经销商对终端铺货不积极、相互窜货、彼此之间压价竞争等问题，使生产企业的营销网络陷入混乱。所以制定对经销商有激励和约束作用的经销商政策，是渠道网络建设的当务之急。经销商政策主要包括以下几个方面。

(一)分销权及专营权政策

制定分销权及专营权政策的目的是限定经销商的销售区域，规范分销规模，防止窜货，同时确保经销商的专营权。其内容包括经销商区域限定、授权期限、分销规模、违约处理四个方面。

(二)返利政策

制定返利政策的目的是激励经销商销售的积极性。其内容包括返利的标准、返利的时间、返利的形式、返利的附属条件等。

(三)年终奖励政策

年终奖励政策实质上是返利政策的一种，由于很多经销商和厂家比较看重这种形式，所以将其从返利政策中分离出来。其主要内容与返利政策一样，但在应用中要防止经销商为了拿年终奖励而将市场价格冲垮。

(四)促销政策

制定促销政策的目的是促进销售，激励经销商销售的积极性。其主要内容包括设定促销目标、设计促销力度、确定促销内容、设计促销时间、管理促销费用、评估促销活动效果等。

(五)客户服务政策

制定客户服务政策的目的在于尽最大努力使客户满意。其主要内容包括客户投诉处理程序、售后服务政策、配送制度、订发货程序、面向客户的员工礼仪、客户接待制度等。

(六)客户辅导培训政策

制定客户辅导培训政策的目的在于提高经销商的经营能力，促进企业和经销商之间的沟通。其主要内容是确定培训对象、内容、时间、地点等。

经销商政策关系到企业与经销商的关系、利益及企业的营销制度建设方面的工作，在管理工作中具有重要意义。一般来讲，经销商与代理商的任务虽然不同，但大多数关于经销商的政策也适用于代理商。

二、渠道终端管理政策的制定

在整个渠道网络上，零售点是最重要的一环，因为它与供应各环节都有关系，用户、推销员、分销商及宣传推广单位都与零售点直接相关。在咄咄逼人的竞争对手面前，有效地控制零售点的活动，对于企业获得竞争优势极为重要。这里讲的零售点就是渠道终端。

在现代市场竞争中，强调终端市场建设具有重要意义。销售工作的要求是把产品摆到零售点柜台上，让消费者看得到、买得到。产品只有占据终端市场，在销售点与顾客见面，才有可能被顾客购买。企业重视终端市场可以通过布置渠道终端，如展示、陈列、POP广告等方式，把自己的产品与竞争品牌区别开来，达到刺激消费者随机购买的目的。这对于企业掌握市场主动权，提高厂家对销售通路的调控能力，保证产品顺畅销售，加大经销商对厂家的依赖都具有重要意义。

在营销工作中，管理渠道终端、促进市场生动化是渠道终端管理的重要内容。具体包括下述三个方面的内容。

(一)确定渠道终端的覆盖面

渠道终端的覆盖面关系到企业分销网络整体布局的均衡状况。覆盖面太窄，可能不利于企业占领市场，太宽则有可能增加销售成本，所以确定适当的渠道终端覆盖面很重要。一般渠道终端覆盖面可起以下三种作用：一是保持企业各终端销售点均衡发展，促进各终端销售点的协调；二是减少各销售点的冲突；三是推动企业产品市场的有序扩张和可持续发展。所以在具体的方案选择上，应考虑分销成本、市场覆盖率、企业对终端的控制能力，及企业后勤支持网络的跟进能力等。企业终端覆盖面的确定有三种选择：密集终端、选择性终端、独家终端。

1. 密集终端

密集终端是指企业尽可能把大量的、符合最低信用的零售点都纳入企业的终端，最大限度地与消费者面对面。消费品中的便利品往往采用这种方法，因为消费者对便利品一般不会花较多的时间去挑选，主要追求购买方便、服务迅速。这就要求有众多的商业网点支持，把产品最大限度地卖给消费者。这种方法的缺点是销售成本比较大,不易控制。

2. 选择性终端

选择性终端是指生产企业在特定的市场,利用少数几个精心挑选的、最合适的分销商销售本企业的产品。其优点是容易控制,成本较低,但覆盖面不宽。这种策略适用于消费品中的选购品。选择性终端既能避免企业采用密集经销以致精力过于分散的现象,又能同时被选择的有限几家中间商保持良好的关系,掌握一定的渠道控制权.还能避免企业采用独家经销导致渠道太窄的弊端,使企业有足够的市场覆盖面,因而被多数生产企业所采用。

3. 独家终端

对于专业性和售后服务要求较高的产品,独家终端能较好地解决专业服务的问题。这种方法的缺点是市场覆盖面较窄。这种策略一般只适用于一些购买者较少、单价较高或技术较为复杂的产品。生产者采用这种策略是为了促使中间商更加积极地推销产品,并能有效控制中间商在价格、促销、信贷和各种服务等方面的政策。

(二)布置渠道终端

终端市场建设在当前的一个发展趋势就是标准化,即企业对产品陈列位、陈列面、产品结构、产品库存、POP 广告、落地陈列及维护方面作出具体的标准化规定。也就是说,要求终端销售点按照企业的一定要求,进行产品陈列和布置,企业销售人员也可通过拜访顾客,给终端销售点以指导和帮助。

(三)促进市场生动化

市场生动化是指在销售点进行的一切能够影响消费者,使其购买产品的活动。渠道终端是直接与消费者面对面接触的地点。消费者能否注意到产品、认同产品,在很大程度上取决于产品在陈列时留给顾客什么印象,所以使终端市场生动化很关键。市场生动化包括三方面内容:产品及销售点广告的位置、产品及售点广告的展示方式、产品陈列及存货管理。

三、渠道网络评价标准的制定

渠道网络建设的质量直接关系到企业营销能力的高低。评价渠道网络对于企业改进渠道、淘汰不称职的中间商具有重要意义。所以在制定渠道网络评价标准时，必须考虑以下几方面内容。

第一，企业内部是否建立了有效的销售管理组织。这是企业能否给予分销渠道迅速、有效支持的关键。

第二，企业是否有健全的客户管理制度。包括客户档案的建立、对客户给予支持和指导的管理制度、有效防范风险的机制等。

第三，企业是否建立了客户铺货管理制度。目的是掌握铺货率，降低铺货风险。

第四，企业是否拥有良好的客情关系。

第五，企业是否采取了有计划、持续有效的促销活动。

企业在市场上的竞争将越来越激烈，表现在市场营销策略的方方面面，但渠道的竞争是最重要的，也是占领市场所必需的。

企业在进行分销渠道设计和管理时，不仅要设计一个良好的渠道网络并使之投入运营，而且随着市场本身的动态发展、新情况的出现，还需要根据市场的发展变化不断对渠道网络加以调整。特别是在以下情况下，更需要作出调整：分销渠道的运行偏离了计划、消费者的购买模式发生了变化、市场进一步扩大、新的竞争对手出现、新的分销渠道形式出现、产品进入了生命周期的衰退阶段。在这种形势下，企业对渠道网络的调整主要从下述几个方面入手。

（一）增减中间商

增加中间商时要进行成本与收益的分析，即分析增加一个中间商的投入是多少，带来的收益又是多少。淘汰一个中间商时也要衡量淘汰该中间商带来的销售损失。对此，企业可制定一个统一的标准。例如，对年销售额低于 1 万元的中间商予以淘汰；每年都淘汰掉销售额居于最后 5 位的中间商；每年淘汰 5％在销售、合作、发展潜力等方面表现不佳的中间商等。

(二)增减市场渠道

增减市场渠道就是对分销网络进行重新规划与设计。这需要企业谨慎从事,因为它涉及企业的长远发展。如果制造商经过详细调查发现现在的渠道结构过于狭窄,以往所选择的分销已不适应市场的发展,就可以向密集式分销发展,以提高市场覆盖率。此外,制造商还可能发现在层次上需要调整。例如,汽车制造商原来经过代理商销售产品的,现在随着自身营销能力的提高,就可以调整为用自己的销售机构来代替原来独立的经销商。

此外,在产品生命周期的不同阶段,也需要不断改变其分销渠道结构。例如,米兰德·李利分析了小包装商品和新款服装产品在生命周期各阶段的渠道结构的区别。

1. 介绍期

新产品或新款式的商品一般经由专门的渠道(例如,业余爱好者商店、装饰品小商店)进入市场。这种渠道能够发现流行趋势并能吸引早期的采用者。

2. 成长期

随着购买者兴趣的增长,高销售额的分销渠道便会出现(如连锁店、百货公司)。这些渠道也提供服务,但没有前面的分销渠道提供的服务多。

3. 成熟期

随着销售增长速度的减慢,一些竞争对手便会将其产品转入低成本渠道(如大型综合商场)去销售。

4. 衰退期

当销售额下降时,其他分销渠道(如邮购商店、折扣商店)也会介入进来。

(三)创立全新的渠道方式

随着新技术的不断进步与应用,分销网络发生了很大变化,特别是当前,很多全新的分销形式不断涌现，所以在调整分销渠道时也可以考虑吸收最新的分销方式，如网络销售。这种方式将完全打破传统分销模式和思维的定势，而以一套新的方式来经营。

分销渠道是产品的所有权和实体从生产领域流转到消费领域所经过的通道。它由所有参与使产品从生产领域向消费领域运动的组织和个人组成，主要包括生产者、批发商、零售商、代理商和储运企业等，甚至还包括消费者，它们都是渠道成员。其中批发商、零售商和代理商通常被称为中间商。制造商只有与中间商、中介机构配合才能使产品由生产领域到达消费领域。过去我国的企业一直认为渠道不重要，直到国外的名牌进入中国，直销、特许经营、总代理开始显示魔力，国内企业才开始觉醒。目前，一场革命正在静悄悄地发生，这就是渠道革命。

为了应付日益复杂的环境，许多生产商、批发商和零售商组成统一的网络，以降低交易费用，确保供应和满足需求。市场竞争往往表现为整个渠道网络之间的竞争。营销渠道网络实行纵向一体化的实质就在于将市场交易内部化. 降低交易费用，通过生产商、批发商的合作，在联合、生产、销售、购货、控制及其他领域获得经济实惠。同时由于提高了进入条件，竞争对手进入一体化渠道花费的成本较高，因而保护了渠道成员的利益。

第七章 促销策划

在现代市场上，企业仅仅拥有一流的产品、合理的价格、畅通的销售渠道已经远远不够，还需要一流的促销手段。市场竞争，是质量竞争、价格竞争、渠道竞争，更是促销竞争。促销的好坏直接决定着企业在市场竞争中的命运。美国IBM公司创始人沃森说过："科技为企业提供动力，促销则为企业安上了翅膀"。如何通过促销策划扩大企业的产品销售，提高企业的销售力，对企业的市场营销策划人员来说是一个十分重要的课题。

第一节 促销组合与促销策划

一、促销的本质

促进销售（简称促销）是指把企业的产品或服务信息向消费者或最终用户传递，以促进和影响人们的购买行为和消费方式的一系列活动。简而言之，所有与信息沟通有关的营销方法及其应用均可称为促销。

一般而言，现代促销的沟通方式、手段主要有四大类：广告、人员推销、公共关系和营业推广，它们具有各自的沟通特性。广告是一种传播非常广泛的非人员沟通方式，它把图像、文字、声音、色彩、气味等精彩地、艺术地有机组合，连续地、重复多次地进行高度渗透性的信息刺激，具有极强的传播性和影响力；人员推销以交际、人际关系、面对面的谈判为沟通特征，特别具有针对性、人情味和灵活性；公共关系注重塑造形象，推销形象，协调关系，增进感情，提高信任度，解除消费者的戒备心理；营业推广则特别强调利益、实惠、方便，具有很强的诱惑力、吸引力。

促销的本质是沟通信息，赢得信任，激发需求，促进购买与消费。因此，促销作为一项系统工程，由信息沟通机制、形象塑造机制和需求激发机制组成，这三种机制的正常运转及其相互有机组合，可以实现促销系统的最佳整体运动状态，从而实现促进销售的根本目标。

二、促销的作用

促销策略的任务主要是传递信息。促销的任何一种方式，都必须通过有效的信息传递才能实现。促销主要有以下几个作用。

(一)提供信息情报

在产品正式进入市场之前,企业必须把有关的产品信息传递到目标市场的消费者及中间商那里。对消费者来说,信息情报可使他们了解产品,对其加以关注;对中间商而言,则为他们采购适销对路的商品及向他们的销售对象宣传介绍提供了条件。

信息的沟通还贯穿于企业产品生命周期的各个阶段,企业的战略重点和营销策略的调整随市场需求的变化特点都能及时地与目标市场沟通。

(二)扩大产品需求

有效的促销活动不仅可以诱导需求,在一定条件下还能激发和创造需求。当企业产品处于低需求时,可以扩大需求;当需求处于潜在状态时,可以开拓需求;当需求衰退时,促销活动可以吸引更多的消费者,使需求得到某种程度的恢复和回升。

(三)突出产品特点

在激烈竞争的市场条件下,消费者很难辨别或察觉同类竞争产品的细微差别。企业只有通过促销活动,宣传自己产品与竞争产品的区别和特点,使消费者认识到本企业产品给他们带来的特殊利益,这不仅有利于树立本企业产品的良好形象,扩大销售,而且对于假冒伪劣产品的揭露,也十分必要。

(四)稳定市场地位

由于市场竞争激烈及各种原因,一定时期内的企业销售额出现较大的波动,这是市场地位不稳定的一种表现。但是企业通过加强促销宣传活动,可以改变某些潜在顾客的疑虑和观望态度,让其熟悉和信任本企业产品,甚至形成对某些特定产品的偏爱,达到稳定销售的目的,从而巩固乃至扩大市场地位。

(五)协调配合作用

企业的促销目的并不在于从事具体的促销活动,不仅要通过人员推销和广告、营业推广、公共关系等非人员推销方式的配合使用，而且要使促销策略同产品策略、定价策略和渠道策略协调配合，形成整体销售战略。

三、促销组合与促销策划

促销组合，是指企业在促销活动中，把广告、人员推销、公共关系和营业推广有机结合起来并加以综合运用，以便实现更好的整体促销效果。促销策划就是对促销组合的具有创造性的谋划与设计，它主要包括两个方面。

（一）单一促销策划

这是指对广告、人员推销、公共关系和营业推广分别进行的策划，这种策划具有相对独立性和完整性，它必须充分体现各自的促销特性和优势，充分运用各自的促销理论与规律，形成自成一体的促销模式。

特别应当注意的是，单一促销策划的独立性是相对的，而非绝对独立，否则就谈不上组合。实际上，在各项单一促销策划中必须同时考虑与其他促销策略的配合关系。

（二）整体促销策划

这是将广告、人员推销、公共关系及营业推广进行最佳配合的策划（即促销组合策划）。在配合方式上主要有主次配合、进程配合、手段（媒介）配合、内容（信息）配合、主题配合、策略配合及目标配合等。总之，在各自战术、策略运用的诸方面都要有机结合，相互推动，形成整体的促销合力，切忌各自为政，甚至相互对立。

四、促销策划的影响因素

促销决策中富有挑战性的问题是如何形成最佳的促销组合。促销及促销组合的重要意义已被越来越多的企业所认识，然而如何组合的问题也越来越突出。对企业而言，有许多因素影响到促销形式和手段的选择，作为企业市场营销组合的重要部分之一，企业在制订促销组合和促销策略时应主要考虑以下因素为组合依据：

（一）产品性质

各种促销方式在性质不同的产品中采取不同的传递信息方式。如消费品和工业性商品，由于消费者需求不同，就要采取不同的促销策略。若以矩形图的高度来表示各种促销方式的相对重要性，经营消费品的企业，最重要的促销方式是广告，其次是营业推广，人员推销，最后是公共关系。而对于经营工业性商品的企业，最重要的促销方式是人员推销，其次是营业推广、广告、公共关系。

因为多数消费品价格较低，商品技术性简单，购买者广泛，每次购买量少，根据产品的这些持点，广告是促销消费品的最重要手段。相反，多数工业性商品的价格较高，技术性强，用户数量少，而每次购买量大，分布比较集中，因而人员推销是工业性商品的最重要促销手段。当然，各种促销方式对不同产品的重要性是相对的。对消费品的生产商而言，当向其批发商和零售商促销时，人员推销仍然是非常重要的促销手段。同样，广告对工业性商品的促销也有着不可低估的作用，用户通过广告宣传对产品产生初步印象，这就为有效地开展人员推销打下了良好的基础。各种促销方式在一定时期内，在特定的产品性质及不同促销对象情况下，相辅相成，发挥其促销组合的作用。

（二）产品寿命周期阶段

产品在寿命周期的不同阶段，促销目标不同，要相应地选择不同的促销组合，制订不同的促销策略。

（三）市场性质

不同的市场需要制订不同的促销策略。

1. 根据市场地理范围大小不同

如在本地区市场小规模促销，以运用人员推销为主。在跨地区市场，如在全国市场或者国际市场促销，则应以广告和文字宣传为主。

2. 根据市场类型不同

如果消费者市场的顾客数量多而分散，主要以广告宣传介绍、产品包装、商品陈列等促销，不可能由推销人员去大范围地面对面直销。当为某一产品制订促销策略时，要考虑消费者的性别、年龄、文化程度、住所等因素选择促销组合，以达到最大效果。工业性商品市场的用户比消费品用户少得多,但销售额却很大,应以人员推销为主,面向用户,建立良好关系,争取大量订货。

3. 市场上不同类别潜在顾客的数量

确定不同类别的潜在顾客作为促销对象,是制订促销策略应考虑的因素。如高压开关厂生产的产品主要面向大中型水电设施和化工设备配套,一般使用人员推销方式很有效。而五金工具厂的产品却广泛供应各类工业用户和众多的消费者,广告宣传在促销组合中占据很重要的地位。

(四)促销策略类型

企业的促销策略可分为推动策略和拉引策略。推动策略.是企业运用人员推销和营业推广方式把产品推向市场,即从生产商推向批发商,从批发商推向零售商,零售商再把它推销给消费者。而拉引策略则是企业把大量费用投入广告及其他宣传措施中,以引起消费者对产品的需求。如果这些促销措施发挥作用,消费者就会向零售商咨询订购这种产品,零售商又会向批发商采购,批发商向生产商订购。

(五)经济前景

经济前景的变化,对促销组合决策也影响很大。例如,在通货膨胀时期,顾客对价格反应十分敏感。在这种时候,组合促销手段就应注意:提高营业推广相对于广告的分量;在促销中特别强调产品价值及其价格;通过市场传播教育顾客,在何处及如何明智地购物。

五、促销预算的确定与评估

促销活动一旦开展,就会有资金的投入。企业要对该次促销期内用于全部促销的资金投入进行筹划预算。

一般情况下,行业不同则所用的促销费用往往不同,化妆品行业的促销费用可能达到销售额的30%~50%,机械行业则需10%~20%。不同公司,促销的费用也会不同,飞利浦·莫里斯公司就是一个高促销费用的公司,该公司在收购米勒啤酒和后来的七喜公司时，就大量增加了总的促销开支，米勒公司增加的促销开支，几年内使其市场占有率从4%提高到19%。

(一)促销预算的确定

确定促销预算是企业市场营销决策中较为困难的工作。因为不同行业或同一行业的不同企业，开展促销活动支付的费用相差很悬殊，一般没有统一的标准。下面是企业确定促销预算几种常用方法：

1. 销售额比例法

销售额比例法即根据企业本年度的销售额或下年度计划销售额，确定一个比例数，作为促销预算额。如果某企业以销售额的5%作为促销费用，若该企业预计下年度销售额为100万元，则促销费用预算应为5万元。这种方法的优点是把销售额与促销费用相联系，使企业具备了支付促销费用的经济能力；同时把企业的促销成本、销售单价和单位产品利润相联系，有利于开展经济核算；如果竞争企业也以此法确定促销预算，可能会使企业间的促销竞争相对缓和。缺点是按销售额比例确定促销预算，有一定的盲目性和消极性，应该是根据实际需要确定促销预算，以免失去良好的促销机会。市场是不断变化的，而销售额的比例系数确定没有合适的选择标准，往往同实际需要相差较大。

2. 目标任务法

目标任务法即根据企业的具体促销目标确定促销预算的方法。首先明确企业的促销目标，如提高企业或产品的知名度，提高销售增长率，扩大市场面等；然后决定为实现促销目标应该开展哪些促销活动，估计每项促销活动的费用，最后进行汇总得到企业的促销预算。这种方法的优点是根据企业的促销目标及营销组合的相对条件决定促销预算，具有一定的科学性。

3. 竞争对等法

竞争对等法即根据竞争者促销预算水平来确定本企业的预算标准。企业常常与竞争者保持相等金额的促销费用。这种方法的依据是把竞争者的促销预算水平看作全行业的水平体现，以此借鉴，并认为有利于防止企业之间的“促销之战"造成的两败俱伤。这种方法争议较大，由于每个企业的声誉、资源、促销目标和促销机会大不相同，竞争者的促销预算并不能作为本企业进行促销预算的指南，也没有依据能保证企业之间不发生"促销之战"。

（二）检查与评估

企业在制订促销组合时，必须结合具体的促销目标，从市场整体经营战略的最佳效果出发来考虑每个促销因素的配合问题。尤其要检查和评估企业将要采取的促销组合及促销预算与促销的具体目标是否相符合。因为企业总的促销目标，通常是沟通信息，促进购买，扩大销售。但是具体的促销目标却可能是介绍新产品、扩大销售量、树立企业形象、提高市场占有率及迅速收回投资等。检查和评估必须从实际情况出发，讲求促销的最佳效果。如在宣传高质量高价格产品时，要重点宣传高质量，这样就等于解释了高价格，从而促进销售；而在宣传低质量低价格的产品时，则重点宣传必然是低价格，用低价格解释质价相符给消费者带来利益需求，从而也达到促销的目的。

第二节　人员推销策划

一、人员推销策划的一般原理

（一）人员推销的含义

人员推销是指企业通过派出销售人员，与一个或一个以上可能成为购买者的人交谈，做口头陈述，以推销商品，促进和扩大销售。

传统推销是以推销人员、推销品为中心，根据企业扩大销售的需要进行推销，强调现场说服，为使交易成功，往往实行"硬推销、高压推销"。

现代推销则是以顾客为中心，向顾客传递商品与服务信息、提供技术和商业咨询帮助，并同顾客交流情感，以诚信建立友好合作关系，实行的是"软推销、友情推销"。

(二)人员推销策划的含义

人员推销策划是在市场调查基础上围绕企业营销目标,对整个人员推销流程制订实施方案的系统过程。

二、人员推销策划的流程

(一)明确推销任务与推销对象

明确推销任务是推销策划的前提。首先建立在以满足顾客需要为中心的基础上,因为顾客购买企业特定产品或服务本身就包含着对企业的认知及由认知所形成的良好印象和感情。具体包括以下几个问题。

首先,要明确是消费品还是生产资料,消费品是一般日用品,还是耐用品,或是特殊用品等。其次,了解顾客的购买能力,明确顾客的购买动机是感性动机、理智动机还是偏爱动机,顾客的购买行为特点等。然后在此基础上进行综合考虑,确定合适的推销方案。

(二)确定人员推销方式

可供选择的人员推销方式有上门推销、营业推销、会议推销、电话推销、信函推销、导购推销等。

(三)推销人员设计

1. 推销人员数量的确定

一般可采用两种方法:一是工作量法,即根据企业销售工作量来决定销售人员的数量;二是增量法,就是随着销售地区的扩大或销售量的增加而逐步增加推销人员数量。

2. 人员的分派设计

通常有四种方式:一是按地区分派推销人员,即分配每个推销人员负责一个或几个地区的销售任务，在该地区代表企业推销所有的产品。其优点是责任明确，比较容易发现新顾客，节省费用，扩大产品的销售量。二是按产品类别分派推销人员，其主要优点是推销人员容易熟悉所推销的产品，适于推销技术复杂的产品。三是按用户类型分派推销人员，最明显的优点是有利于推销人员掌握顾客的购买特点和购买规律，有针对性地满足顾客的需求。四是复合式分派，特点是适用性、灵活性强，但组织管理较复杂，对推销人员的要求较高，适应产品品种繁多、顾客复杂、销售区域分散的情况。

（四）选择推销技术与方法

推销技术可以分为广义的推销技术与狭义的推销技术、传统的推销技术与现代的推销技术。广义的推销技术是指把自身的观点、主张、建议、形象、仪表、风格、信誉等推销出去的方法和技巧；狭义的推销技术是指通过寻找和接近顾客，把企业产品或劳务推销出去的方法和技巧。传统的推销技术是指以单纯的推销、广告技术为手段，只推销现有产品，不考虑顾客需要的各种方法和技巧；现代的推销技术是运用各种现代工具和手段，针对顾客需求所采用的各种方法和技巧的总称，它需要产品的生产从工艺设计、购进原料开始就服从于最终销售的要求，服从于顾客的需求。

三、人员推销技巧的策划

推销人员的推销技巧主要表现为有效的推销过程，包括以下步骤。

（一）寻找顾客

推销过程的第一步是识别潜在顾客。推销人员需要具有寻找线索的技能，诸如：

第一，向现有顾客打听潜在顾客的名字。

第二，培养其他能够提供线索的来源，如供应商、经销商和非竞争企业销售人员等。

第三，参加潜在顾客所在的组织，创造与潜在顾客接触的机会。

第四，查阅各种资料，如企、事业名录和电话簿等寻找线索。

第五，用信函和电话追踪线索。

第六，从事能够引起人们注意的公共关系活动。

第七，办公室拜访等。

（二）做好接触前准备工作

1. 了解相关信息

第一，市场分布信息：市场的地理位置、分布情况、运输条件、政治经济条件、某一市场和其他市场的经济联系等。通过调查，大体上摸清自己的产品可以在哪些市场上销售，从而有助于确立洽谈目标。

第二，产品销售信息：本产品的销售量、市场容量和价格范围等。

第三，产品竞争方面的信息：同类产品竞争者的数量、竞争状况、各产品或品牌在定位或风格上的差异性等。通过产品竞争情况调查，有利于在洽谈时更加主动，击败竞争对手。

第四，相关政策法规信息：在洽谈开始前，应当详细了解国家的有关政策及法律、法规，以免在洽谈时出现失误。这些政策及法律法规包括国家对行业发展的政策、与政策相配套的各项法律法规等。

2. 确定访问方法

确定访问方法即选择亲自拜访、电话访问，还是选择写信联系，并考虑最佳访问时机。

3. 制订详细的推销策略及方案

如宣传广告、人员推销、消费促进、确定推销目标等。

（三）正式接近顾客

推销人员应当对顾客彬彬有礼，表现出良好的职业操守与风范，整个谈话的内容应明白准确，从而使双方关系有一个良好的开端。

(四)销售介绍

美国推销专家查尔斯·M.雷特雷尔把发现顾客需要的许多方法按英文的首字母缩略词归纳为“LOATE”。具体内容如下。

1. 倾听(Listen)

目标顾客的许多言论有可能无意间会让推销员捕捉到重要的需要信息。

2. 观察(Observe)

仔细观察目标顾客的工作、生活、环境等,可以从中把握顾客的需要。

3. 组合(Combine)

一名精明能干的推销员会使用浑身解数来发现顾客的需要,例如同顾客交谈、倾听顾客谈话、提问,仔细观察,设身处地体察顾客的处境等。

4. 提问(Ask question)

提出问题的方法,常常可以把目标顾客没有透露或不知道的需要展现出来。如:“一台噪声很小的吸顶式排气扇对你来说是否很重要呢?”

5. 和他人交谈(Talk to other)

向其他人询问关于目标顾客的需要。

6. 设身处地(Empathize)

要站在顾客的角度去理解顾客,去认识顾客的问题。

在业务洽谈中,推销员一旦掌握了顾客的主要需求点,就可以把它与产品的属性联系起来,确定产品的卖点即顾客需要与产品利益的结合点,并把卖点作为推销业务洽谈的核心话题。

(五)排除异议

顾客对某些产品特点存在异议、怀疑产品的价值或者表示对公司缺乏信任时，推销人员应当采用积极的方法，通过自己的介绍，排除各种异议，甚至把异议转变为购买的理由。

(六)正式达成交易

实现购买行为是推销介绍的最终目的。

(七)售后相关工作

售后工作是确保顾客满意、获得重复购买、建立长期合作关系所必需的一步。与顾客达成交易后，推销人员应当立即着手制订工作日程表，以确保收款、送货、安装、指导、技术培训、维修等有关履约的各项工作顺利进行。

四、人员推销策略的策划

人员推销需要与科学的策略与之相适应，特别讲究技巧性和艺术性。因此，推销策略的策划十分重要。

(一)寻找顾客的策略

1. 地毯式访问推销法

地毯式访问推销法又称闯入式访问推销法、挨家挨户访问推销法，指推销人员在不太熟悉顾客的情况下，直接访问某一特定地区或某一特定行业的所有使用单位和经营单位，从中寻找目标顾客的商品推销方法。此法所依据的是“平均法则”，也就是假定被访问的所有顾客中，一定有推销人员所要寻找的目标顾客。例如，一位卖化妆品的推销员挨家挨户地推销化妆品。此法具有的特点：推销访问的面广、人多；事先没有特定的目标顾客；可以借机进行市场调查；可以争取更多的目标顾客；具有相对的盲目性。

2. 连锁介绍推销法

连锁介绍推销法又称连锁介绍寻找目标顾客推销法，指通过请求现有顾客介绍未来可能的准目标顾客的商品推销方法，具体办法有很多。例如，可以请求现有顾客代为推销,代转送资料,或请求现有目标顾客以书信、名片、信笺、电话、电报等手段代为进行连锁介绍等。在销售商品时,我们经常说的一句话:如果产品不好,你来找我;如果产品好,一定要告诉周围的人。这种推销方法的特点有:利用现有目标顾客关系为基础,可以较为省力地寻找众多的准目标顾客,可以避免推销人员的主观盲目性,可以赢得被介绍的准目标顾客的信任,成交率较高。

3. 中心开花推销法

中心开花推销法也称重点开花寻找目标顾客推销法,指在某一特定推销范围内发展一些有影响力的重点人物,并在这些重点人物的协助下,把该范围的同类商品使用者变成准目标顾客的推销方法。这种推销方法的特点有以重点人物的信赖为前提,通过重点人物的影响力来扩大商品的影响,但难以确定谁是真正的关键人物。

(二)人员推销的策略

试探性人员推销策略:又称刺激—反应策略,指推销人员在事先尚不了解顾客的具体需求的情况下,通过与顾客的渗透式交谈,观察其反应,试探其具体要求,然后根据顾客的反应进行宣传,刺激其产生购买动机,引导产生购买行为的商品促销策略。这种策略的特点有事先尚不了解顾客的需求,通过试探性的交谈以了解顾客的需求,根据顾客的需求反应以刺激顾客的购买欲望并形成购买行为。

针对性人员推销策略:又称启发—配合策略,指推销人员事先已了解顾客的某些具体要求,针对这些要求积极主动地与之交谈,引起对方的共鸣,从而促成交易的商品促销策略。这种策略具有的特点:已了解顾客的需求,针对顾客的需求进行交谈,以引起对方的共鸣,并赢得顾客的信任。

诱导性人员推销策略:又称需求—满足策略,指推销人员通过与顾客交谈,引起顾客对所推销的商品或劳务的需求欲望,促使顾客把满足其需求的希望寄托在推销员身上,这时推销员再说明自己这里正好有能够满足其需求的商品或劳务,使顾客产生购买兴趣,以实现购买行为的商品促销策略。这种策略具有的特点:有目的的与顾客交谈,交谈内容要与所要推销的商品有关,通过交谈引起顾客对所推销商品的兴趣,在激起顾客兴趣之后再说明自己手上有顾客需求的商品或服务。

第三节　广告策划

一、广告策划的一般原理

(一)广告策划的含义

广告可以为产品创造附加价值。可口可乐有一句名言:“我们卖的是水,顾客买的是广告。”这形象地说明了产品除了自身具有的使用价值外,还可以通过广告为其创造附加价值,通过广告产生的心理暗示的方法赋予商品额外的价值。广告一词是英文“Advertising”的译名。美国市场营销协会(American Marketing Association,AMA)给广告下的定义是:“广告是由特定的广告主通常以付费的方式通过各种传媒对产品、服务或观念等信息的非人员介绍及推广”。通俗地说,广告就是以适当的信息,经过适当的包装,在适当的时机投入适当的资金,通过适当的媒体针对适当的目标受众所进行的介绍与推广。要达到这一目标,必须进行严密、科学的广告策划。

广告策划是在市场调查基础上围绕市场营销目标的实现,制订系统的广告策略、创意表现与实施方案的过程。这一定义包含三个相互连接、相互支撑的环节:在市场调查基础上围绕市场营销目标的系统广告策略;按照这一策略原则展开的创意表现形态;向市场推广切实可行的实施方案。

广告策划可分为整体广告策划与单项广告策划。整体广告策划,是对在同一广告目标统御下的一系列广告活动的系统性策划,即对包括市场调查、广告目标确定、广告定位、战略战术制订、经费预算、效果评估在内的所有运作环节进行总体策划。例如可口可乐公司对其生产线下所有产品做的以可口可乐为主体的全部广告,即使是冰露矿泉水也有可口可乐荣誉出品的鲜红字样。单项广告策划,是单独地对一个或几个广告活动全过程进行的策划。例如可口可乐公司在进行市场区分后,对于“酷儿”系列产品则单独进行了一系列的宣传。无论是整体的还是单项的广告策划,其目的是要提高企业的知名度,让公众接受企业的产品和观念,并购买其产品,从而增加其在市场竞争中的机会。

(二)广告策划的要素

通常一个完整的广告策划主要包括五大核心要素,这些要素之间相互影响,相互制约,构成了一个完整、系统的有机体系。

1. 策划者

策划者即广告的作者,它是广告策划活动的中枢和神经,在广告策划中起着“智囊”的作用,广告策划者必须知识渊博、思维活跃、想象力丰富并且具有一定的创新精神。

2. 策划对象

策划对象即广告者所要宣传的对象,它可能是企业,也可能是企业的产品。策划对象决定着广告策划的类型,以企业为对象的广告策划属于企业广告策划,以产品为对象的广告策划是产品广告策划。

3. 策划依据

策划依据即策划者必须掌握的信息和知识。一般包括两个部分:一是策划者的信息存储量和知识结构,这是进行科学策划的基本依据;二是有关策划对象的专业信息,如企业现状、市场现状、产品特征、广告投入等。这些信息是进行策划活动的重要依据。

4. 策划方案

策划方案即策划者为实现策划目标,针对策划对象,根据策划依据而设计创意的一套策略、方法和步骤方案。策划方案必须具有指导性、创造性、操作性和针对性的特征。

5. 策划效果评估

策划效果评估即对策划方案实施可能产生的效果进行预先的判断和评估,据此可以评判广告活动实施的具体效果乃至成败。

(三)广告策划的特征

广告策划作为一个动态系统,具有以下基本特征。

1. 目的性

广告策划是从长远的销售利益出发,针对广告整体活动的策划,是广告活动的蓝图,它要不失时机地为实现企业总的战略目标服务。广告策划如果能够围绕广告目标,投入适当的广告费用,选择最合适的广告媒介,设计创作出有新意的、有吸引力的广告作品,选择最恰当的时间和地点开展广告宣传,就能取得理想的效果。

2. 整合性

广告策划作为一个整体,是由若干相互联系和相互作用的广告要素所构成的有机系统,各种要素在本质上存在着内在的统一性,都是为实现企业的营销目标、广告目标服务,为促进销售服务。

3. 针对性

针对性即针对特定的广告对象,采用感官的与理智的、生理的与心理的、直接的与间接的、近期收效与未来获益等多种广告手段,解答用户迫切需要了解、解决或关心的问题,加深消费者对产品和企业的强烈印象,以充分调动其需求欲望。缺乏针对性是国内广告诉求中普遍存在的问题,在进行广告策划时应特别注意。

4. 动态性

广告策划要按照产品在生命周期的不同阶段,按产品在市场中位置和消费者的态度,从消费者在接受产品信息时心理反应特点和认知规律,有计划、分阶段地实施广告策略。由于任何事物都处在动态的不断变化的环境之中,要时刻注意消费者对产品的态度变化,及竞争对手品牌形象变化,适时地改变广告策略。

二、广告策划的基本程序

广告策划是企业整体营销活动的组成部分,它是按照一定程序,有计划、有步骤的进行的。一次完整的广告策划，一般按照下列程序进行：

(一)扫描环境，明确要求

由于广告环境对广告活动有着直接或间接的制约和导向作用，所以首先应对它进行深入细致的分析研究。掌握系统的企业内部资料和企业外部资料，并明确企业整体营销对广告提出的要求，以摆正产品在市场上的地位，从而摆正广告在市场上的位置。

(二)分析广告产品，找准广告定位

对广告产品或劳务进行深入的了解和研究，目的在于掌握产品或劳务的个性，进行准确的广告定位，这样就明确了该产品或劳务做广告的必要程序及怎样做广告。

广告定位就是根据消费者心理，从为数众多的产品中，发现或形成有竞争力、差别化的产品特质。广告定位是对营销定位的体现，必须服从和服务于营销定位。现代社会被人们称为产品爆炸、信息爆炸、媒介爆炸乃至广告爆炸的社会，进入人们头脑中的东西太多，广告不可能说服和打动所有的人。所以，必须在市场上给产品寻找一个合适的位置，广告当然亦如此。例如，某种产品的营销定位是高档市场，则广告定位必须突出它的高档特征，及由这种高档所带给人们的联想，而绝不可出现“价格低廉”或“物美价廉”之类的字样。

(三)确定广告目标

不同的企业在不同的时期，由于广告任务不同，具体的广告目标也不同，所以在分析广告环境的有关情况基础上，由企业的最高决策层会同营销策划者及广告创意人员一起确立广告目标。

(四)确立广告主题与创意

广告主题是广告所要表达的中心思想，广告创意是在广告策划全过程中确立和表达广告主题的创造性构思活动。所以，应对广告产品和劳务及广告目标进行全面的考虑，通过一定的方法提炼出广告主题。

(五)广告策略的选择

为了将广告主题和广告创意付诸实施,并取得理想的广告效果,必须对各种媒介、表现方式、地区、时机等进行多方面的研究,从而选择最合适的广告媒介、广告方式、广告范围及合适的广告时机,从而更好地实现广告目标。

(六)确定广告预算

广告预算的确定是广告目标确定之后更为重要的工作。它要求广告、营销的策划者与财务部门共同确定广告预算总投资,进而对广告费进行具体的预算分配,合理解决广告费投入的数量、投入的项目和投入的时间等问题。

(七)广告决策

在各个环节分析确定后,从总体上进行广告决策,选择最佳组合方案,从而制订广告计划书,确定广告活动实施的步骤、方法。广告决策是广告活动过程中的关键环节,直接影响广告的宣传水平和广告的经济效益,在决策时应当与促销决策相吻合。

(八)广告策划书撰写

在广告调查、分析和决策过程中,策划人员逐步形成一整套广告活动构想,这种构想落到文案上,就形成广告策划书。广告策划书是前期策划工作的总结,同时又是下一步实施广告活动的指导性文件。

广告策划书的格式基本上分为标题、正文和署名。标题点明整个广告活动的中心主题,正文则将整个策划要点、分析、各媒体运用等内容全面系统阐述,署名表明策划单位、人员及合作时间。

(九)广告效果检验与评估

广告决策的实施效果如何,需要运用特定的标准及方法予以检验和评估。这种广告效果的检验评估不是一次性的,而是多次性的,它既可以在广告正式与社会公众见面之前进行,也可以在广告与公众见面之初进行,而更多的则是在广告与公众见面的一段时间以后进行。通过广告效果的检验与评估，适时的充实或调整广告策略十分必要。例如，原来确定的广告时机、地域、方式、媒介等不够恰当，消费者印象淡薄，这时就需要加大宣传力度。再如，通过广告效果检验，发现原先的竞争对手不多，广告播出后促销效果很明显，而现在竞争对手多了，效果低了，就必须赋予产品更强烈、更鲜明的个性。只有这样经过多次的调整和充实，广告活动才能逐步完善，进入良性运转状态。

通过上述程序可以看出，广告策划程序的模式从环境分析开始，中间还包括诸多步骤，并且各程序之间环环相扣，形成一个有机整体。

三、广告策划书的撰写

不同的广告学者或广告实战专家归纳总结了各种广告策划书的撰写方法，也形成了很多广告策划书的范本。一般而言，一个完整的广告策划书主要包括以下内容。

（一）前言

简要说明制订本策划书的缘由，企业的概况，企业的处境或面临的问题点，希望通过策划能解决问题。或者简单揭示策划的总体构想，使客户（或者企业最高决策者、执行人员）未深入审阅策划书之前能有个概括的了解。这部分内容不宜太长，一般以数百字为佳，因此有的广告策划书称该部分为执行摘要。

（二）市场分析

市场分析主要包括三个方面的内容：第一，背景资料。与被策划企业及其产品有关的市场情况；第二，目前同类产品情况。目前国内市场中进口、国产的同类产品的几种主要牌号；这几种主要牌号的知名度与美誉度如何；第三，同类产品的竞争状况：可分为国内市场与国际市场分析。

（三）产品分析

被策划产品有哪些优越性及不利因素，主要包括两个方面的内容：第一，产品特点。具体分析产品的工艺、成分、用途、性能、生命周期状况；第二，产品优劣比较。同国内及进口的同类产品进行比较。

(四)销售分析

销售是市场营销的重要组成部分,透彻地了解同类产品的销售状况,将为广告促销工作提供重要的依据。销售状况分析的内容有:第一,地域分析。同类产品销售的地域分布与地点;第二,竞争对手销售状况。分析主要竞争对手的销售手法与策略;第三,优劣比较。通过分析比较,找好本策划产品最有利的销售网络与重点地区。

(五)企业目标

企业目标分为短期和长期两种。短期目标以一年为度,可具体定出增加销售或提高知名度的百分比。长期目标是三年至五年,广告策划中提到企业目标,可以说明广告策划是怎样支持市场营销计划,并帮助达到销售和盈利目标的。

(六)企业市场战略

为了实现企业的经营目标,企业在总市场战略上必须采取全方位的策略,包括以下几点:

1. 战略诉求点

如何提高产品知名度和市场占有率,产品宣传中是以事实诉求为主还是以情感诉求为主。

2. 产品定位

分高档、中档、低档三档,根据需要选择定位中的一种。

3. 销售对象

分析产品的主要购买对象,越具体越好。包括人口因素各方面,如年龄、性别、收入、文化程度、职业、家庭结构等,说明他们的需求特征和心理特征,及生活方式和消费方式等。

4. 包装策略

包装的基调、标准色;包装材料的质量;包装物的传播,设计重点(文字、标志、色彩)等。

5. 零售点战略

零售网点的设立与分布是促销的重要手段,广告应配合零销网点策略扩大宣传影响。

(七)阻碍分析

根据上面对市场、产品、销售、企业目标、市场战略等的研究分析,已可以顺理成章地找出本企业产品在市场销售中的"难"点。排除这些阻碍,就是下一步广告战略与策略的主要目的。

(八)广告战略

广告战略主要包括以下几方面。

1. 竞争对手广告分析

分析主要竞争对手的广告诉求点、广告表现形式、广告攻势的强弱等。

2. 广告目标

依据前面企业经营目标,确定广告在提高知名度、美誉度、市场占有率方面应达到的目标。

3. 广告对象

依据销售分析和定位研究,可大概计算出广告对象的人数或户数,并根据数量、人口因素、心理因素等说明这部分人为什么是广告的最好对象。

4. 广告创意

确定广告总体的表现构思,如广告口号,使用的模特儿或象征物,广告的诉求点或突出表现某种观念、倾向等。

5. 广告创作策略

广告创作策略即向目标市场传播什么内容。按照电视、报刊、广播、POP等不同媒介的情况，分别提出有特色的、能准确传递信息的创作意图。

（九）公关战略

公关活动旨在树立良好的企业形象和声誉，沟通企业与公众的关系，增进消费者对企业的好感。公关战略要与广告战略密切配合，通过举办一系列具有社会影响力的活动达到上述目的。

（十）媒介战略

根据广告的目标与对象，选择效果最佳的媒介来达到广告对象。

第一，媒介的选择与组合。以哪种媒介为主，哪些媒介为辅。

第二，媒介使用的地区。配合产品的营销需要进行，分重点与非重点地区。

第三，媒介的频率。在一年中可分为重点期和保持期，每种媒介每周或每月使用的次数安排。

第四，媒介的位置与版面。电台、电视台选择哪一种传播时机最好；报刊选择什么日期、版面等。

第五，媒介预算分配。对组合媒介所需的各种费用进行预算。

（十一）广告预算及分配

必须把年度内的所有广告费用列入，主要包括调研、策划费、广告制作费、媒介使用费、促销费、管理费及机动费等。

（十二）广告统一设计

根据上述各项综合要求，分别设计出报纸、杂志、广播、电视、POP广告的设计稿或脚本，作为年度内广告制作的统一设计的参考或依据。

(十三)广告效果预测

预计广告策划可以达到的目标或效果反馈、检测的方法。

第四节　营业推广策划

一、推广策划的一般原理

(一)营业推广策划的含义

营业推广是由英文 Sales Promotion 翻译而来,又译为销售促进或销售推广,有时简称 SP。菲利普·科特勒对营业推广所做的定义是“营业推广是刺激消费者或中间商迅速或大量购买某一特定产品的促销手段,包括各种短期的促销工具”。

营业推广策划就是企业根据营销目标,在充分研究市场的基础上,确定企业在某一阶段或某一产品的营业推广目标,针对不同的促销对象,在适当时机,选择富有创造性、激励性的营业推广方式,制订有效的营业推广促销行动方案。

(二)营业推广策划的要求

营业推广策划的要求主要有以下几方面。

第一,营业推广策划注重短、平、快。一般而言,营业推广策划作短期考虑,为了立即产生效果而设计,所以常常都有限定的时间和空间。同时,营业推广策划要见效快,销售效果立竿见影,对销售增加实质的价值。

第二,营业推广策划注重行动,要求消费者或经销商的亲自参与,行动导向的目标是立即得到销售。

第三,营业推广策划工具的多样化,营业推广由刺激和强化市场需求的各种促销工具组合。

第四,营业推广活动注重不断创新。现在的营业推广活动已经比以往的折扣、商店内示范样品、赠券、产品配套竞赛、抽奖、以赞助为目的的专门性音乐会、交易会、购买点陈列等方式有了更加丰富多彩的内容，不断出现了联合促销、服务促销、以顾客满意为目的和标准的满意促销等。

第五，营业推广策划注重特定时间内的诱导性。营业推广策划是在特定时间提供给购买者一种激励，以诱导其购买某一特定产品。通常这种激励为金钱激励、商品激励或是一项附加的服务激励，这成为购买者购买行为的直接诱因。

总之，营业推广策划的最大特征在于，它主要是战术性的营销工具，而非战略性的营销工具。通常，它提供的是短期刺激，会导致消费者直接的购买行为。

(三)营业推广策划的主要内容

任何一项促销策划设计，一般都包括以下三个大方面。

第一，促销形式。为实现促销目标，采取哪种促销形式。

第二，促销范围。产品范围(对于哪种规格、哪些型号的产品进行促销)；市场范围(促销活动进行的销售地理区域)。

第三，促销策略。何时进行、何时宣布、持续多长时间；折扣形式(直接或间接)；销售条款的确定。

二、营业推广策划的程序

(一)确定营业推广目标

营业推广目标是指通过对营业推广进行策划并付诸实施之后，企业应当达到的目的。在确定目标时要尽量进行易化，目标最好能具有可测量性，并规定具体的时间界限。

营业推广目标围绕与商品有关的三个主角展开。例如，针对消费者，其目标是刺激购买；针对中间商，其目标是取得他们的合作，为企业经销产品，并使他们对企业及产品忠诚；针对推销员，其目标是鼓励他们多推销商品，刺激其寻找更多的顾客。

(二)选择营业推广的方式

营业推广的方式主要有服务促销、租赁与互惠经销、订货会与展销、折扣促销、物质与精神奖励、竞赛、演示促销、赠品、优惠券促销等。企业要针对不同的推广对象，选择出适当的营业推广方式。企业在选择时，应考虑企业营销目标、市场竞争状况、推销方式的成本与效益、把握好推销时间等。

(三)制订营业推广策划方案

在制订营业推广策划方案时要考虑以下四方面。

1. 确定推广对象

要确定营业推广的目标是针对哪一类消费群体，换言之，要确定营业推广的目标市场在哪里。

2. 确定刺激强度

营业推广作为对消费者的刺激手段，刺激强度越大，消费者购买的反应也越大，但这种刺激是递减的。因此，要确定营业推广的目标市场在哪里。

3. 组合推广方法

根据推广目标的要求，组合运用各种营业推广方法。

4. 把握推广时机

选择营业推广实施的时机，在营销策划中极为重要，时机选择的合理，营业推广就能够达到事半功倍的效果。

(四)实施营业推广策划应注意事项

第一，该区域市场情况；

第二，产品市场消费状况；

第三，市场细分；

第四，整体战略；

第五，战术策略；

第六，消费者推广策略。

(五)评估营业推广效果

采用的评估方法不同,其评定结果就存在一定差异。一般进行评估的步骤有以下几方面。

第一,比较推广前、推广中和推广后的销售额数据,以评估其效果大小,再总结此次推广经验,提高营业推广的促销效率。

第二,推广结束后对消费者进行调研,了解事后有多少人能回忆起这项推广活动,如何看待这项推广活动,多少人从中得益,推广后如何影响消费者的选择行为等。

第三,通过变更刺激程度、推广时间、推广媒介、推广对象来获得必要的经验数据,供比较分析并得出结论。

(六)营业推广费用预算策划

营业推广费用通常包括两项:一是管理费用,包括印刷费、邮寄费、对推销人员的教育和培训费等;二是诱因成本,如赠品费、优惠或减价的成本、兑奖成本等。

对活动的策划者和组织者来说,确定预算的目的是为了保证落实该项营业推广活动所需的费用,同时也是为了找到促销成本和促销收益的收支平衡点。这样,活动组织者就能够做到心中有数,从而加强对整个促销活动过程的控制。

三、营业推广策划的方式与策略

(一)营业推广方式

营业推广主要有营业宣传推广和营业销售推广两种方式。营业宣传推广的方式既具有广告宣传的功能,又具有实现直接销售的有效手段。其具体形式包括以下几种。

1. 营业场所的装饰与布置

要根据所经营商品和目标市场的特点,设计营业场所的装饰布置,为消费者提供一个赏心悦目、心情舒畅的购买环境,吸引更多的现实购买者和潜在购买者。

2. 商品出样和陈列

样品是顾客所购商品的示范和证实，做好商品出样，让顾客检验，以诱导购买行为。商品陈列要根据经营商品的特点展示、布置，一方面可以美化店容，另一方面展示商品本身的吸引力，吸引购买者。

3. 橱窗布置

橱窗是广告的形式，也是营业推广的重要形式，它起着介绍商品、树立商品形象的作用。琳琅满目的商品橱窗还有助于反映市场的状况，反映人民生活水平的新面貌。

4. 商品试验

它是坚定购买者的购买信心、赢得顾客的重要手段。根据商品的自然属性和特点，采取不同的试验方法来取信顾客，如音响商品可以试听，摩托车可以试骑等。

5. 提供咨询服务

为顾客提供信息，传授商品知识，解决顾客疑难问题，从而坚定顾客购买信心。

营业销售推广是刺激和鼓励成交的重要手段。它包括对顾客的推广和鼓励推销人员积极推销等方面。

1. 针对顾客的推广方式

赠送样品，在顾客购买之前，免费赠送一部分样品刺激顾客购买；折价赠券，向顾客发放折价赠券，持券者可享受部分价格优惠；有奖销售，随销售商品发放奖券，到一定数量宣布开奖，中奖者可获得奖品、奖金；交易赠券，当顾客购买某个商品时，企业给予一定张数的赠券，凑足若干张赠券或达到一定金额可以兑换某些商品；消费信贷，通过赊销或分期付款等方式推销商品。

2. 针对中间商的推广方式

代销，主要是制造企业委托代理商、经销商销售产品，按规定进行利益分配的一种营业推广方式，它对于迅速扩大分销渠道、销售网络是十分有效的；交易折扣，针对不同的销售量给予中间商不同的批发折扣，以鼓励其多推销产品；派员协助，对于一些业绩较好，有发展前途的中间商，企业委派一些有经验的代表进行协助。针对中间商的推广方式还有免赠广告，销售竞赛，企业刊物及给予贸易展览等。

现代营业推广方式不仅多样化，而且需要在售前做好一系列的软、硬件准备，同时更注重售后服务工作，达到推销的最佳效果。

(二)营业推广的策略

1. 针对消费者的策略

一般包括赠送样品、有奖销售、现场表演、特殊包装。特殊包装是利用商品包装向消费者提供一种附加利益，最终吸引购买的做法。如在包装中附一张折价购买券，持有者在有效期内到指定的购货地点购买可享有价格优惠。还比如企业在向顾客推销产品时负担一部分运输包装费用等。

2. 针对中间商的策略

提供津贴，为了鼓励中间商积极推销新产品或库存过大的产品，企业在一定时期向购买该商品的中间商提供一定金额的津贴；推销折扣，对长期合作或销售努力的中间商给予一定的折扣，以报答他们的贡献；合作广告，即出资赞助中间商进行广告宣传，共同开发市场，寻找潜在的顾客；节日公关，在节日来临之际，集中举办各类招待会、免费旅游等活动，邀请中间商参加，以加强彼此的合作；业务会议，即在每年的销售旺季，举行订货会、洽谈会，在短期内集中订货、补货、促成大量交易。

3. 针对推销员的策略

销售分红，为了鼓励推销人员积极推销，企业规定按销售额提成，或按所获利润不同提成，以鼓励推销员多推销商品；推销竞赛，为了刺激和鼓励推销员努力推销商品，企业确定一些推销奖励的办法，对成绩优良者给予奖励。奖励可以是现金，也可以是物品或是旅游等；推销回扣，回扣是从推销额中提取出来的作为推销员推销商品的奖励或酬劳，利用回扣方式把推销业绩与报酬结合起来，有利于推销员积极工作，努力推销；职位提拔，对优秀推销员进行职务提拔，鼓励他们将好的经验传授给一般推销员，有利于培养优秀推销员。

第五节　公共关系策划

一、公共关系策划的一般原理

（一）公共关系策划的含义

企业有意识地通过自身活动增强与公众的沟通，进行自我宣传. 往往更能引起社会各界的普遍关注。这些活动形式多样、不拘一格，越来越成为许多企业进行营销宣传的重要途径。公共关系策划，就是对公共关系活动的运筹规划，是在公共关系活动之前进行的创造性思维活动，其含义体现在以下三个方面。

1. 公关策划的对象是企业与社会公众的关系

良好的公共关系不是企业与生俱来的，需要企业不断调适与社会公众的关系来实现。而如何调适，调适的方向和力度，都需要严密充分的构思和谋划。公关策划正是对企业与社会关系的调适活动进行的构思和谋划。从这一点上说，公关策划与其他促销策划不同，无论广告策划还是营业推广策划，策划的对象是人与物的关系，通过这些策划的付诸实施促进商品的销售；而公关策划则关注人与人的关系，目的是调适企业与社会公众的关系，促进企业与社会的和谐发展。

2. 公关策划的目的是塑造及传播企业的良好形象

企业通过大众传播等方式与社会公众亲切沟通，从而促使社会公众对企业产生好印象，改善社会公众对企业的评价，从而使企业与社会公众建立良好的关系，在社会公众中树立起企业和产品的良好形象。

3. 公关策划的重点是间接诱导

公关策划与其他促销策划不同，如广告策划或营业推广策划都属于直接诱导，即直接唤起消费者对产品的需求，激发其购买欲望，促成购买行为。公关策划则是采取间接的方式，通过良好的企业形象，潜移默化地促成社会公众对企业的好感，间接达到促进销售的目的。因此，公关策划的核心在于能否通过精心策划、巧妙安排，在具有创造性和独特性的公关策划中，实现对顾客的间接诱导。

（二）公共关系策划的主要内容

1. 树立企业形象的公关策划

为帮助企业建立起良好的内部和外部形象，首先应从企业内部做起，使员工具有很强的凝聚力和向心力。此外，还要加强企业的对外透明度，利用各种手段向外传播信息，让公众认识企业，了解企业，赢得公众对企业的理解、信任、合作与支持。

2. 建立信息网络的公关策划

外部环境总是在不断地发展变化，企业如果不及时收集信息，及时掌握市场信息，对环境的变化保持高度的敏感性，就会丧失优势。信息网络是企业收集信息、实现反馈以帮助企业决策的重要渠道。信息网络是依靠公共关系建立起来的，企业没有良好的公共关系，就不会有良好的信息网络。

3. 协调公共关系的公关策划

企业在营销过程中不是孤立存在的，而是在各方面公众的影响制约中实现自身的运转。

公共关系活动正是协调企业与内外公众关系的最有效手段。企业与内外部公众关系的协调主要有三个方面：一是协调领导者与企业职工之间的关系；二是协调企业内部各职能部门之间的关系；三是协调企业与外界公众之间的关系。

4. 处理公众误解的公关策划

任何企业在发展过程中都可能出现某些失误，而失误往往是一个转折点，处理不妥，就可能导致满盘皆输。因此，企业平时要有应急预案，一旦与公众发生纠纷，要尽快掌握事实真相，及时做好处理工作。例如，企业的生产给地方公众带来损失时，就会引起企业同地方公众之间的纠纷。这种情况下运用公共关系可起到缓冲作用，使问题在解决前及时得到缓解，为企业重新塑造良好的形象。

5. 分析预测的公关策划

及时分析、监测社会环境的变化，其中包括政策、法令的变化，社会舆论、公众兴趣、自然环境、市场动态等的变化。向企业预报有重大影响的近期或远期发展趋势，预测企业重大行动计划可能遇到的社会反应等。

6. 促进产品销售的公关策划

即以自然随和的公共关系方式向公众介绍新产品、新服务，既可以增强消费者的购买欲望，又能为企业和产品树立更好的形象。

二、公共关系策划的基本模式

国内外学者对大量企业成功的公关策划进行分析研究，归纳总结出几种常用的公关策划模式。

（一）四步工作法

美国公关学者卡特·李普认为，公关策划应该包括调查研究、制订计划、实施传播、评价结果四个步骤。此后，公关专家马斯顿将这一程序概括为一个著名的公式：RACE 模式。根据他的总结，公关策划要经过以下步骤：

第一，研究（Research）：即通过调查研究确定公共关系存在的问题。

第二，行动（Action）：即策划公关方案和行动计划，每一个细节都要经过仔细推敲和论证，以确保方案和行动计划的切实可行。

第三，传播（Communication）：即公关策划方案通过实施和传播，沟通企业与社会公众的关系，达到相互理解、认同和支持。

第四，评估（Evaluation）：即对每一项策划的总结评估。

（二）六步规划模式

英国公共关系专家杰弗金斯提出六步规划模式：

第一，评价现状；

第二，确定目标；

第三，确定公众；

第四，选择传媒和方法；

第五，预算；

第六，评估总结。

六步规划模式究其实质与四步工作法较为相似，其在步骤上考虑较细，但思路基本是一致的。

（三）最终目标模式

公关策划的最终目标是树立良好的企业形象。从公关策划以树立企业形象为目标的角度而言，公关策划程序反映塑造良好企业形象的全过程：

第一，企业形象的调查与评估；

第二，企业形象的设计；

第三，企业形象的建设；

第四，企业形象的检验。

最终目标模式也是 RACE 模式的运用，只是更加突出了公关策划的目的，紧紧围绕企业形象塑造来展开策划过程。

三、公共关系策划的程序与方法

公共关系策划的一般程序：目标策划－对象策划－主题策划－策略策划－时机、进度策划－评估策划－编制预算。

（一）公共关系的目标策划

公关策划的目标是在策划方案实施后要达到的要求，它是针对所要解决的问题，在企业总目标的指导下，将公关目标与市场营销目标有机结合后形成的。公关策划目标的实现，充分体现了公关为营销服务的原则。

（二）公共关系的对象策划

这是深入仔细地分析研究本企业、本产品或劳务的销售对象，即现实顾客和潜在顾客是谁，有多少人，在哪里及有什么样的消费心理和行为等问题，并据此进行的促销策划。

1. 现实顾客与潜在顾客的研究与策划

现实顾客是已购买本企业产品的顾客，潜在顾客则是有可能购买本企业产品的顾客。公关促销的目的就是要把潜在顾客变成现实顾客，把现实顾客变成“回头客”，甚至是企业的“宣传员”。

2. 市场潜力的研究与策划

这是对潜在顾客和已购买产品（包括购买本企业产品和竞争者产品）的顾客数量等方面的研究分析。已购买本企业产品的顾客数量可由本企业统计资料获得，已购买竞争者同类产品的消费者数量可以从有关的统计资料中获得，潜在顾客数量可以从人口分析和市场调查中获得。

3. 顾客分布的研究与策划

这是市场的区域性细分，即对顾客的地域范围及该地域内有多少顾客的界定。通过市场调查的方法可以得到这一策划所需信息。地域的划分标志有行政区域、气候、地形、民族及集中购买点和消费点等。

4. 顾客的心理研究

要研究不同顾客接受宣传的心理、需要心理、购买心理和使用心理，寻找顾客的购买和使用行为规律，通过专家咨询、市场调查可以获得这些深层信息。

（三）公共关系的主题策划

所谓公关促销主题，是指围绕实现公关目标，针对特定的促销对象，对整个公关促销策划与操作起着指导、规范作用的中心思想，它是策划的中心议题。

在策划公关促销主题时，一般要经过从主题描述到主题提炼的过程。主题描述是用叙述性语言，采用论述的方式将公关促销主题含义全部表述出来，形成一个“主题短文”，然后从所确定的“主题短文”中概括提炼出“主题精句”，或者称“主题口号”，这常常作为公关促销活动的公关广告语，起到形象定位的宣传导向作用。

(四)公共关系的策略策划

这是对公关促销的形式、创意、思路及模式等的谋划。策略策划是公关促销策划过程中最具难度、最需智慧、最费时间、最具挑战性和专业性的一个环节，整个公关促销策划的质量和价值主要取决于这一步。因此，策略策划是公关促销策划的关键。

(五)公共关系的时机与进度策划

时机策划是对何时实施公关促销策略才能取得最佳效果的决策。在商战中，时间就是金钱，不善于利用时机，事后即使投入再大的力气，也无法收到好的效果。

公关促销的时机，有的是日常性的，有的是固定性的，还有的则具有偶然性。通常有以下几种类型：

第一，由于国家政策、方针变化带来的机会。

第二，具有新闻价值的重大活动和运动。如体育运动、艺术节、展销会、高考、政府倡导的全民运动等。

第三，新闻人物(重要人物、知名人士)的特殊活动。

第四，重要节日、纪念日、假日等。如妇女节、母亲节、春节、中秋节等。

第五，消费季节、气候变化等。

第六，企业自身重要事件。如周年纪念日、新产品推向市场、组建企业集团、危机事件等。

在确定了公关促销的时机以后，对活动实施全过程应进行进度安排，即把公关促销策略、时机等策划结果落实到每天每时，保证在最佳开始时机与结束时机之间完成各种策略执行和技术操作工作。实施时间进度的安排，要充分估计各种因素的干扰，并留有余地。

（六）公共关系的评估策划

公关促销评估是根据特定的标准，对公关促销方案实施效果进行实事求是的衡量、检查、评价和估计，以判断公关促销计划实施效果的优劣。评估策划要求设计出评估的标准、方法和程序。

1. 评估标准

评估公关促销方案实施效果的标准就是既定的公关促销目标。在制定公关目标时，应视情况尽量给予量化，因为只有定量目标才便于评估。

2. 评估方法

主要采用问卷调查的方法，调查公众及消费者。评估的主体可以是方案实施者、专家和领导。

第八章　顾客关系管理与营销策划

第一节　顾客心理与行为

一、顾客的含义、分类

(一)顾客的含义

美国营销专家菲利普·科特勒认为顾客(Customer)是指具有特定的需要或欲望,而且愿意通过交换来满足这种需要或欲望的人。这是顾客的狭义定义,其中的"顾客"实际上是指最终顾客,即购买或使用企业产品或服务的人。广义的顾客不仅指产品销售和服务的对象,还指企业整个经营活动中不可缺少的合作伙伴,凡是影响企业营销活动的"利益攸关者"或者促进企业与最终顾客达成交易的企业或个人都应成为企业的顾客。所以,顾客是指与企业具有或可能具有交换关系的组织或个人。无论这种交换是等价交换还是非等价交换,凡是直接影响或间接影响一个企业或组织利益的组织或个人都是顾客。总之,这里的顾客不再是通常意义上的消费者了,参与社会经济活动的所有组织和个人都互为顾客。

(二)顾客的基本分类

顾客的基本分类并不是指对顾客市场的细分,而是指为便于进行顾客研究,对顾客采取的一般分类方法。因为市场细分总是相对于特定的企业进行的,顾客基本分类则对所有的企业都有效。从顾客的广义出发,顾客群体可以有以下几种基本分类。

按顾客的新旧程度来分类,企业的顾客可分为老顾客与新顾客。过去这一直是对最终顾客的分类方法之一,而现在并不是仅对最终顾客而言。供应商顾客有老与新之分,而竞争对手顾客对于企业来说,也有新旧之分,除了老对手之外,不断会有新的对手出现。

按顾客的拥有状态分类,顾客可分为现实顾客与潜在顾客。潜在的顾客经过努力就可变成现实的顾客。因此不能将企业的服务对象局限于现实顾客,否则就会影响企业的市场开拓力度,企业应从长远目标出发,高瞻远瞩的策划顾客关系工作,不仅要重视对现实顾客的开发,还要重视对潜在顾客的拓展。

按顾客对企业盈利的影响分类,企业的顾客可分为营利性顾客与非营利性顾客。企业是以追求盈利作为目标的,因此为能直接影响企业盈利能力的顾客提供令其满意的服务是企业的职责,但这并不意味着应忽视非营利性顾客。非营利性顾客未必会购买企业的产品或服务,但对企业也有自己的期望与需求,满足他们的需求,使他们满意,就可建立良好的口碑与独特的形象,为企业间接带来利润。

按企业组织的界限来分类,企业的顾客可分为内部顾客与外部顾客。外部顾客是指企业组织以外的顾客,包括供应商、零售商、竞争对手、最终顾客等;而内部顾客则主要是指企业组织内部的顾客,也就是由内部员工及各部门组成。从根本上讲,企业应以外部顾客的需求为自己工作的出发点,然而内部顾客是企业开展有效营销工作的基础,只有通过有效的激励机制、公平的报酬福利体系与人尽其才的用人制度,以人本主义来管理企业,才能调动员工的积极性,让内部顾客满意,使其能为外部顾客提供令人满意的产品、服务或利益,提高外部顾客的满意度与忠诚度。

此外,按照其他的标准,顾客也可以有各种各样的分类,在营销的过程中,应根据需要对顾客进行合理分类。

二、顾客的心理过程

顾客心理过程是顾客在进行消费活动时,心理的发生、发展和完成的过程,它是顾客对客观现实的动态反映。根据心理过程的不同形态和作用,可以把顾客的心理过程分为认识过程、情感过程和意志过程。

(一)顾客心理的认识过程

顾客购买商品的消费活动,首先是从其对商品的认识开始,它是顾客购买行为的前提,也是其他心理活动的基础。顾客对有关商品和服务的了解和认知过程可以分为感觉、知觉、注意、记忆、联想五个阶段。

1. 感觉

感觉是指当客观外物作用于人的感官时，产生的对客观事物的个别属性及其特征的认识。顾客的感觉指顾客借助感觉器官对各种商品或服务的主观反映。感觉是在一定的阈限范围内进行的，感觉阈限指能引起某种感觉持续一定时间的刺激量，即恰好能引起感觉和恰好不能引起感觉的界限。

2. 知觉

知觉是在感觉的基础上，对感觉材料综合整理，从而形成对客观事物的整体印象的认识。顾客知觉不是各种感觉的相加，它往往要受到过去经验的影响，人们总是根据过去的知识或经验去知觉客观事物，因此不同的经历和知识会产生不同的理解和反映，从而形成知觉上的差异。

3. 注意

注意是人的心理活动对一定对象的指向和集中。注意并不是一种独立的心理过程，而是伴随着感觉、知觉、记忆、思维、想象等心理过程产生的共同特征。

4. 记忆

记忆是指过去的经验和认识在人头脑中的反应。过去认识过的事物、思考过的问题、体验过的情感、采取过的行为等，都会以经验的形式在人的头脑中保持下来，在一定条件下把它反映出来就是记忆。

5. 联想

联想是由一种事物想到另一种事物的心理活动过程。联想是回忆的另一种形式，由正在经历的事物或想起的某一事物所引起的，回想起与之相关联的另一事物，从而形成神经中的暂时联系，并将这种联系活跃起来。

(二)顾客心理的情感过程

情感过程是心理过程的第二阶段。顾客在购买时的心理活动，既是他们的认识由感性到理性，由低级到高级不断发展的过程，又是伴随着情感不断变化的过程。顾客在选购商品的过程中，对于符合心境、满足他们实际需要的商品和服务，就会产生肯定的情感体验，增强他们的购买欲望，促进购买行为的发生；相反，则会产生消极的情绪情感，抑制购买欲望，阻碍购买行为的发生。可见，情感对人的购买行为有着重要的影响，具有动机作用。

（三）顾客心理的意志过程

顾客在购买商品的过程中，除了要经过对商品的认识过程、情感过程外，还要伴随着意志过程。意志是人们为了达到某种目的，自觉地组织自己的行动，并与克服困难相联系的心理过程。顾客在进行购物活动时，不论是重大购买行为，还是日常购物过程，都会有意志活动的参与。

意志具有目的性，人的意志活动是和其行为的目的联系在一起的，人的一些本能的、盲目的和习惯性的活动等都不带意志成分。意志具有持续性，持续性是指人们在实现目标的过程中，需要排除内外因素的干扰，克服重重困难，持续不懈地努力。虽然意志和行为的目的性联系在一起，但并不是所有有目的的行为都能体现人的意志品质，轻而易举就能办到的事情就不需要意志努力，就不能体现人的意志品质。意志可以发动和使人坚持去做某件事，也可以抑制改变原来的行为，意志对人的行为具有调节作用。

顾客购买商品的过程是认识过程、情感过程和意志过程的统一，认识过程是基础，没有认识过程，就谈不上情感和意志过程；但情感和意志过程又促进了认识过程的发展和深化。情感过程是顾客认识商品过程不可缺少的阶段，没有顾客对商品和服务的积极肯定的态度体验，就不会有其购买行为。同时，顾客对商品的态度体验程度，又决定了其意志过程在购买过程中的坚决程度。顾客的意志过程又是其认识过程和情感过程的保证。

三、顾客的需要与动机

各种各样的购买行为，都是由顾客的购买动机引起的，而顾客的购买动机却是以其需要为基础的。

(一)顾客的需要

1. 顾客需要的内涵

需要描述的是一种活动,它是人的本能,是人的行为动机的基础和源泉。心理学意义上的需要,主要指个体由于缺乏某种生理或心理因素而产生的内心紧张,从而与周边环境之间的某种不平衡状态。

顾客需要(Customer Demand)表现为顾客对获取各种物质和精神生活消费品的需求和欲望。它通常产生于消费者的某种生理或心理体验的缺乏状态。顾客为什么购买产品,为什么对企业的营销刺激产生这样而不是那样的反应,在很大程度上是与顾客的需要密切联系在一起的。

2. 顾客需要的特征

第一,多样性和差异性

顾客需要最基本的特征就是多样性和差异性,它既表现在不同顾客之间多种需求的差异上,也体现在同一顾客多元化的需要内容上。不同顾客在年龄、性别、生活方式、文化、个体特征、经济条件、宗教信仰、民族传统、地域等方面的主客观条件千差万别,由此形成了多种多样的消费需要。

第二,层次性和发展性

顾客的需要是有层次之分的。按照不同的划分标准,可以把顾客需要划分为不同的层次。例如,马斯洛把人类的需要划分为五个层次,依次为生理需要、安全需要、社交需要、尊重需要和自我实现需要。有时各层次需要可能同时存在,其强烈程度也会存在差别。

第三,周期性和伸缩性

人的消费是一个无止境的活动过程,一些消费需要在获得满足后,于一定时间内不再产生,但随着时间的推移还会重新出现,并具有周期性。伸缩性表现在顾客对心理需求追求的高低层次、多寡项目和强弱程度,一般来说,基本的日常生活必需品消费需求的弹性比较小,而许多非生活必需品或中、高档消费品的消费需求的弹性比较大。

第四，互补性和替代性

顾客需求对某些商品具有互补性的特点，如购买钢笔时可能需要附带购买墨水。此外，许多商品具有可以互相替代的特点，如猪肉的销售量减少，牛羊肉的销售量可能相对增长。这就要求企业及时地把握消费需求变化趋势，有目的、有计划地根据消费需求变化规律供应商品，更好地满足消费者的需求。

第五，可变性和诱导性

顾客需要的产生、发展和变化，同现实的生活环境、当时的消费环境有着密切的联系。顾客观念的更新、社会时尚的变化、工作环境的改变等，都可能改变顾客需要的指向、潜显或强弱。此外，企业不仅应当满足顾客需要，而且应当启发和诱导其需要，即通过各种有效的途径，引导顾客需要发生变化。

3. 顾客需要的发展趋势

随着时代的变迁和社会环境的发展，顾客需要的内容、形式及其层次也在不断改变和提升，并呈现出一系列新的消费需要趋势。

感性消费需要。感性消费是基于顾客个人情感体验而产生的消费行为，它以个人的喜好作为购买决策标准，以个人心理满足、个性实现、精神愉悦为主要消费目标。在当今社会，随着经济科技的迅猛发展，平缓、稳定、闲散的工作生活方式被快节奏、多变动、高竞争度的方式所取代，相应地，人的情感需要也日趋强烈。

个性化消费的需要。科技的迅猛发展和社会文化的日益多元化，给人们提供了前所未有的广阔的选择空间，各种新的生活方式和消费群体层出不穷。人们越来越标新立异、张扬个性、追求与众不同，个性化、定制化的消费需要日趋强烈。

绿色消费需要。随着自然资源的日益匮乏、环境污染的日益加重，环境保护已成为现代顾客的基本共识和全球性的消费观念，绿色消费（Green Consumption）观念深入人心。绿色消费主要包括三个方面的内容：消费无污染的物品；消费过程中不污染环境；自觉抵制或不消费那些破坏环境或大量浪费资源的商品等。

（二）顾客的购买动机

1. 购买动机的内涵及作用

动机，指引起和维持个体活动并使之朝一定目标和方向进行的内在心理活动，是引起行为发生、造成行为结果的原因。它是一种人体中内在的、主动的力量，是个体由某种需要所引起的心理冲动。当人们产生某种需要，而又未能满足时，心理上便产生了一种不安和紧张，这种不安和紧张成为一种内在的驱动力，促使个体采取某种行动，心理学把这种现象称为动机。在消费心理学中，把能够引导人们购买某一商品，选择某一商标、劳务或选择某一货币支出投向的动力，称为购买动机（Purchase Motivation）。

购买动机是在顾客需要的基础上产生并引发顾客购买行为的直接原因和动力。虽然动机是引起行为的内在原因和动力，但同样的动机却可以产生不同的行为，而同样的行为又可由不同的动机所引起。例如，同样是出于解渴的动机，有的人可能选择白开水、矿泉水，有的人可能购买果汁饮料或碳酸饮料，还有人可能选择购买西瓜等水果。

购买动机对顾客行为具有以下作用：

第一，发动和终止作用。动机是人们行为的根本动力，具有引发某个个体活动的作用。购买动机驱使顾客进行购买行为。而当某种动机得到满意的结果，如顾客在某方面的需求得到满足之后，便会终止有关的具体行动。

第二，指引和导向作用。动机不仅能引起行为，而且还能使行为指向一定的方向。个体消费者可以同时有多种动机，但这些动机中，有些目标一致，有些相互冲突，如果不能同时满足，他们之间就会发生竞争，竞争的结果是某种最强烈的动机使行为在一定范围内，朝着特定的方向，选择性地决定目标，即首先满足人们最强烈、最迫切的需要。

第三，维持和强化作用。动机的作用表现为一个过程。在人们追求实现目标的过程中，动机将贯穿行为的始终，不断激励人们努力采取行动，直至目标的最终实现。此外，动机对行为还具有重要的强化功能，即由某种动机强化的行为结果对该行为的再生具有加强或减弱的作用。

2. 购买动机的类型

消费者购买商品的动机是复杂的、多层次的、交织的、多变的。购买动机可以从不同的角度加以划分：根据顾客的需要层次，可将购买动机分为生存型动机、发展型动机和享乐型动机三种。根据顾客的个性特征，可将购买动机分为理智型动机、情感型动机和情绪型动机三种。就购买活动而言，顾客的购买动机往往十分具体，表现形式也复杂多样，与购买行为的联系也更为直接。

依据顾客购买的目标追求，常见的顾客购买动机有以下几种类型：

第一，求实购买动机，指以注重商品或劳务的实际使用价值为主要目的的购买动机。此类顾客在购买商品或劳务时，特别重视商品的实际效用、功能质量，讲求经济实惠、经久耐用，而对商品的外观造型、商标、广告等不太重视。一般而言，顾客在购买基本生活资料、日用品的时候，求实动机比较突出。

第二，求廉购买动机，指以注重商品价格低廉，希望付出较少的货币而获取较多的物质利益为主要特征的购买动机。此类顾客在购买时不太看重商品的外观造型等，而是受优惠促销等的影响较大。

第三，求便购买动机，指以方便购买、便于维护为主的购买动机。此类顾客关注的是时间与效率，要求产品购买方便、携带方便、使用方便、维护方便和处理方便，厌倦长时间的等待、迟缓的销售速度和低下的服务效率。

第四，求新购买动机，指以注重商品的新颖、奇特和时尚为主要目的的购买动机。此类顾客在购买时特别重视商品的外观、造型、色彩和包装等，追求新奇、时髦和与众不同，在购买时受广告宣传、社会环境和潮流导向影响很大。

第五，求美购买动机，指以注重商品的欣赏价值和艺术价值为主要目的的购买动机。此类顾客在购买商品时，特别重视商品对人体美化作用、对环境的装饰作用、对其身体的表现作用和对人的精神生活的陶冶作用，追求商品的美感带来的心里享受，购买时受商品的造型、色彩、款式和艺术欣赏价值的影响较大。

第六，求名购买动机，指以追求名牌商品或仰慕某种传统商品的名望为主要特征的购买动机。

第七，嗜好性购买动机，指以满足个人特殊爱好为目的的购买动机。此类顾客特别喜欢购买某种特定产品，如邮票、书籍、古玩、字画等。

四、顾客购买决策与行为

(一)购买者行为模型

消费者每天都制定购买决策，大多数大型公司仔细地研究消费者购买决策，以回答消费者买什么，在哪里买？如何买？买多少？何时买？及为什么买等问题。对市场营销者而言，核心的问题是：消费者对公司可能采取的市场营销努力会如何反应。

市场营销刺激由产品、定价、渠道和促销构成，是企业有意安排的，对购买者的外部环境刺激。其他刺激包括购买者所处环境中的重要力量和实践，包括经济、技术、政治和文化等方面的刺激。所有这些因素进入购买者的黑箱，在那里他们经过一系列的心理活动，转化为可以观察的购买者反应。

（二）购买行为的类型

顾客购买行为，按照不同的分类标准，可以分为不同的类型。按照顾客购买目标的选定程度分为全确定型、半确定型和不确定型。

第一，全确定型。全确定型指顾客在购买商品以前，已经有明确的购买目标，对商品的名称、型号、规格、颜色、式样、商标以至价格的幅度都有明确的要求。这类消费者进入商店以后，一般都是有目的地选择，主动地提出所要购买的商品，并对所要购买的商品提出具体要求，当商品能满足其需要时，则会毫不犹豫地买下商品。

第二，半确定型。半确定型指顾客在购买商品以前，已有大致的购买目标，但具体要求还不够明确，最后购买需经过选择比较才完成。这类顾客进入商店以后，一般要经过较长时间的分析、比较才能完成其购买行为。

第三，不确定型。不确定型之顾客在购买商品以前，没有明确的或既定的购买目标。这类顾客进入商店主要是参观游览，漫无目的地观看商品或随便了解一些商品的销售情况，有时感到有兴趣或合适的商品会偶尔购买，有时则观后离开。

（三）购买决策行为类型

不同顾客购买决策的复杂程度不同，究其原因，是受诸多因素影响，其中最主要的是参与程度和品牌差异大小。同类产品不同品牌之间的差异越大，产品价格越昂贵，顾客越是缺乏产品知识和购买经验，感受到的风险越大，购买过程就越复杂。根据购买者的参与程度和产品品牌差异程度可以区分出四种购买类型：

1. 复杂的购买决策

指消费者面对不常购买的贵重物品，由于产品品牌差异大，购买风险大，消费者需要有一个学习过程，广泛了解产品的性能、特点，从而对产品产生某种看法，最后决定购买的购买决策类型。营销者应采取有效措施帮助消费者了解产品性能及其相对重要性，并介绍产品优势及其带给购买者的利益，从而影响购买者的最终选择。

2. 习惯性的购买决策

指对于价格低廉、经常购买、品牌差异小的产品，消费者不需要花时间选择，也不需要经过收集信息、评价产品特点等复杂过程的最简单的购买决策类型。营销者可利用价格与销售促进吸引消费者使用，开展大量重复性广告，加深消费者印象，增加购买参与程度和品牌差异。

3. 多样化的购买决策

指对于品牌差异明显的产品，消费者不愿花长时间来选择和评估，而是不断变换所购买产品的品牌的购买决策类型。消费者这样做并不是因为对产品的不满意，而是为了寻求多样化。针对这种购买决策类型，市场营销者可采取销售促销和占据有利货架位置等办法，保障供应，鼓励消费者购买。

4. 协调的购买决策

指那些品牌差异不大的产品，消费者不经常购买，而购买时又有一定的购买风险，所以，消费者一般要比较、看货，只要价格公道、购买方便、机会合适，消费者就会决定购买。购买之后，消费者也许会感到某些不协调或不够满意，在使用过程中，会了解更多情况，并寻求种种理由来减轻、化解这种不协调，以证明自己的购买决定是正确的购买决策类型。针对这种购买决策类型，营销者应注意运用价格策略和人员推销策略，选择最佳销售地点，并向消费者提供有关产品评价的信息，使其在购买后相信自己做出了正确的选择。

（四）购买决策的过程

购买决策过程包括五个阶段：确定需要、搜索信息、评估备选方案、购买决策及购后行为。购买过程早在实际购买发生前就已经开始，并在购买后还会延续很长时间。市场营销者需要关注整个购买过程，而不是仅仅注意购买决策阶段。

1. 确认需要

购买过程从购买者确认某一个问题或某种需要开始，即确认需要。需要可能是由内在的生理活动引起的，也可能是受到外界的某种刺激引起的。因此，营销者应注意不失时机地采取适当措施，唤起和强化顾客的需求。

2. 搜索信息

在认知需求的基础上，顾客受满足需要的动机驱使，可能会搜寻更多的信息。信息来源主要有四个方面：第一，个人来源，如家庭、亲友、邻居、同事等；第二，商业来源，如广告、推销员、分销商等；第三，公共来源，如大众传播媒体、消费者组织等；第四，经验来源，如操作、实验和使用产品的经验等。

3. 评估备选方案

顾客得到的各种有关信息可能是重复的，甚至是互相矛盾的，因此还要进行分析、评估和选择，这是决策过程中的决定性环节。顾客会根据购买目标对商品内容进行评价，从各种可行方案中选择最适合自己的购买方案。在顾客的评估选择过程中有以下几点值得营销者注意：第一，产品性能是购买者所考虑的首要问题；第二，不同顾客对产品的各种性能给予的重视程度不同或评估标准不同；第三，多数顾客的评选过程是将实际产品同自己理想中的产品相比较。

4. 购买决策

对商品信息进行比较和评选后，已形成购买意愿，然而从购买意图到决定购买之间，还要受到两个因素的影响：第一，他人的态度，反对态度越强烈，或持反对态度者与购买者关系越密切，修改购买意图的可能性就越大；第二，意外的情况，如果发生了意外的情况（如失业、意外急需、涨价等），则很可能改变购买意图。

5. 购后行为

产品购买后，营销人员的工作并没有结束，消费者是否满意及他们的购后行为也是营销人员应该关注的。顾客满意取决于产品预期与产品感知绩效之间的关系。预期绩效与实际感知绩效之间的差异越大，顾客越不满意，这说明营销人员应该如实介绍产品的真正绩效，以使消费者感到满意。

消费者每次购买都要依次经过五个阶段。但是，购买者通过整个购买过程的速度可能很快，也可能很慢。在经常性购买中，消费者常常跳过或颠倒某些阶段，主要取决于购买者特点，产品属性和购买情境。例如，一位购买常用牙膏品牌的女士在确认牙膏需要时，会越过信息搜索和选择评估阶段，直接进入购买决策阶段。

第二节　顾客价值与顾客忠诚

一、顾客价值的构成与最大化

（一）顾客价值理论

美国市场营销专家劳特朋（Lautebom）是较早地认识到顾客价值（Customer Value）的学者之一。传统的营销组合4Ps理论只是从企业角度出发来制定营销决策，忽视顾客真正的价值需求这一问题，而劳特朋（1990）认为，企业在市场营销活动中应该首先注意的是4C，即顾客（Customer）、成本（Cost）、便利（Convenience）和沟通（Communication），它强调企业首先应该把追求顾客满意放在第一位，其次是努力降低顾客的购买成本，然后要充分注意到顾客购买过程中的便利性，而不是从企业的角度来决定销售渠道策略，最后还应以消费者为中心实施有效的营销沟通。

菲利普·科特勒是从顾客让渡价值和顾客满意的角度来阐述顾客价值的。其研究的前提是：顾客将从那些他们认为提供最高顾客让渡价值的公司购买产品。所谓顾客让渡价值，是指总顾客价值与总顾客成本之差。总顾客价值就是顾客从某一特定产品或服务中获得的一系列利益，它包括产品价值、服务价值、人员价值和形象价值等。顾客总成本是指顾客为了购买产品或服务而付出的一系列成本，包括货币成本、时间成本、精神成本和体力成本。顾客是价值最大化的追求者，在购买产品时，总希望用最低的成本获得最大的收益，以使自己的需要得到最大程度的满足。

(二)顾客价值最大化

传统时代的企业目标是企业价值最大化,而在当今时代,在以顾客需求为中心的营销导向下的企业目标应该转变为顾客价值最大化。顾客价值最大化并不是指为顾客创造最大的顾客价值,而是在保证利润的前提下,与竞争者比较而言,企业应该向顾客提供最多的价值。

根据科特勒的顾客让渡价值理论,若想实现顾客价值最大化,可以从两个方面出发:一是提高顾客总体价值;二是降低顾客总成本。实现这两个目标,可以通过以下四个战略途径。

1. 质量优异

随着经济的发展和人们收入水平的提高,顾客对产品质量和服务质量的要求也越来越高。优质的产品是提升顾客价值的基础,优质的服务更是提升顾客价值不可缺少的部分,因为服务质量比产品质量和价格更加难以被竞争对手复制和超越。

2. 成本领先

产品或服务的低成本可为企业对顾客让利创造更大的空间,无论产品或服务的质量多么优异,一旦其价格超过一定的界限,必然会抑制顾客对它的需求。同时,最低成本必将使企业获得优厚利润,形成对追求低成本努力的最好回报。

3. 快速反应

当今的时代是速度经济时代,对顾客价值来说,时间可能与质量同样重要。有些行业,企业对顾客要求的反应时间的快慢是决定其成功的关键因素,如快餐、快递和报业。快速反应的企业除了可以获得丰厚利润,还可以率先树立企业信誉,以低成本获得优质的顾客并赢得他们的忠诚;获得先入为主的市场地位;影响产业标准的制定等。

4. 改善顾客的亲和度

良好的顾客关系大大缓解了变数极大的市场环境下企业的经营风险,并极大地提高了企业的赢利能力，大大增强了企业的竞争力，是企业独特的优势。

顾客价值最大化的实现是企业赢得顾客进而取得市场领先地位的关键。企业只有把顾客看作一种资产，树立“以顾客为中心”的经营理念，快速响应并满足顾客个性化多变的需求，为顾客创造价值，才能在激烈的市场竞争中获得生存和发展。同时，企业应避免盲目追求顾客价值最大化，一定要根据自己的实力在考虑成本的情况下实现顾客价值最大化，否则就会出现让顾客价值实现最大化，赢得顾客的满意和忠诚，但企业却面临亏损甚至倒闭的局面。

二、顾客满意与满意度

（一）顾客满意的内涵

菲利普·科特勒认为，顾客满意（Customer Satisfaction，CS）是指一个人通过对一个产品的可感知效果与他的期望值相比较后，所形成的愉悦或失望的感觉状态。亨利·阿塞尔也认为，当商品的实际消费效果达到消费者的预期时，就导致了满意，否则，则会导致顾客不满意。可以看出，顾客满意是一种期望与可感知效果比较的结果，它是一种顾客心理反应，而不是一种行为。

顾客满意具有四方面的特性：第一，主观性。顾客的满意程度是建立在其对产品和服务的体验上，感受的对象是客观的，而结论是主观的。顾客满意的程度与顾客的自身条件如知识和经验、收入状况、生活习惯、价值观念等有关，还与媒体传闻等有关。第二，层次性。处于不同层次需求的人对产品和服务的评价标准不同，因而不同地区、不同阶层的人或一个人在不同条件下对某个产品或某项服务的评价不尽相同。第三，相对性。顾客对产品的技术指标和成本等经济指标通常不熟悉，他们习惯于把购买的产品和同类其他产品，或和以前的消费经验进行比较，由此得到的满意或不满意有相对性。第四，阶段性。任何产品都具有寿命周期，服务也有时间性，顾客对产品和服务的满意程度来自过程的使用体验，是在过去多次购买和提供的服务中逐渐形成的，因而呈现出阶段性。

顾客满意包括产品满意、服务满意和社会满意三个层次的内容。“产品满意”是指企业产品带给顾客的满足状态，包括产品的内在质量、价格、设计、包装、时效等方面的满意。产品的质量满意是构成顾客满意的基础因素。“服务满意”是指产品售前、售中、售后及产品生命周期的不同阶段采取的服务措施令顾客满意。这主要是在服务过程的每一个环节上都能设身处地的为顾客着想，做到有利于顾客、方便顾客。"社会满意"是指顾客在对企业产品和服务的消费过程中所体验到的对社会利益的维护，主要指顾客整体社会满意，它要求企业的经营活动要有利于社会文明进步。

（二）顾客满意与顾客忠诚

对于企业来说，如果对企业的产品和服务感到满意，顾客也会将他们的消费感受通过口碑传播给其他的顾客，扩大产品的知名度，提高企业的形象，为企业的长远发展不断地注入新的动力。

顾客满意只是顾客信任的前提，顾客信任才是结果；顾客满意是对某一产品、某项服务的肯定评价，即使顾客对某企业满意也只是基于他们所接受的产品和服务令他满意。如果某一次的产品和服务不完善，他对该企业也就不满意了，也就是说，它是一个感性评价指标。顾客信任是顾客对该品牌产品及拥有该品牌企业的信任感，他们可以理性地面对品牌企业的成功与不利。

顾客忠诚是顾客的一种行为，衡量忠诚的唯一尺度就是看顾客是否重复地购买企业的产品或者服务。服务质量决定了顾客满意，但顾客满意却不一定必然导致顾客忠诚，即使顾客对商品和服务十分满意，也可能在下一次选择时转向其他产品和服务。

（三）顾客满意度研究

顾客满意度是企业用以评价和增强企业业绩，以顾客为导向的一整套指标，它代表了企业在其所服务的市场中的所有购买和消费经验的实际和预期的总体评价。顾客满意度研究的目的具体有确定影响满意度的关键决定因素；测定当前的顾客满意水平；发现提升产品或服务的机会；从顾客的意见和建议中寻找解决顾客不满的办法，为管理者提供建议。

顾客满意度测评主要有以下步骤：第一步，明确满意度测评的目的；第二步；进行调研设计，确定测评指标；第三步，进行顾客满意度调查；第四步，收集整理调研数据，并进行分析，撰写调研报告；第五步，根据结果对企业进行相应的改进。

顾客满意度研究具有极其重要的价值:一是了解顾客满意度、顾客忠诚度和企业利润率之间的关系;二是建立以顾客为中心的经营理念和价值观;三是确定影响顾客满意和顾客忠诚的关键驱动因素;四是分析顾客保留、忠诚及流失的原因;五是从顾客评价的视角比较企业与其竞争者的绩效差异,并明确自身的优劣势;六是以顾客的观点定义产品或服务的标准:其实从整体流程的角度探寻顾客满意或流失的真正原因,制定产品或服务的解决方案。

三、顾客忠诚

(一)顾客忠诚的内涵

顾客忠诚(Customer Loyalty,CL)是指顾客对企业的产品或服务的依恋或爱慕的感情,它主要通过顾客的情感忠诚、行为忠诚和意识忠诚表现出来。其中情感忠诚表现为顾客对企业的理念、行为和视觉形象的高度认同和满意;行为忠诚表现为顾客再次消费时对企业的产品和服务的重复购买行为;意识忠诚则表现为顾客做出的对企业的产品和服务的未来消费意向。

通常可以将顾客忠诚划分成四个层次:最底层是顾客对企业没有丝毫忠诚感,他们对企业漠不关心,仅凭价格、方便性等因素购买;第二层是顾客对企业的产品或服务感到满意或是习惯,他们的购买行为是受到习惯力量的驱使,一方面,他们怕没有时间和精力去选择其他企业的产品或服务;另一方面,转换企业可能会使他们付出转移成本;第三层是顾客对某一企业产生了偏好情绪,这种偏好是建立在与其他竞争企业相比较的基础之上的,这种偏好的产生与企业形象、企业产品和服务体现的高质量及顾客的消费经验等因素相关,从而使顾客与企业之间有了感情联系;最上层是顾客忠诚的最高级阶段,顾客对企业的产品或服务忠贞不贰,并持有强烈的偏好与情感寄托,顾客对企业的这种高度忠诚,成为企业利润的真正源泉。

(二)顾客忠诚的影响因素

顾客忠诚受到诸多因素的影响,分析这些因素,对于企业理解顾客、更准确地满足以致超越顾客需求,做好顾客关系管理具有十分重要的作用。

1. 顾客满意

顾客的满意程度越高,就会购买更多该产品,对公司及其品牌忠诚就会更持久。大量的有关顾客满意和顾客忠诚的研究证明:虽然在满意度与忠诚度之间并无强相关关系,但顾客满意是推动顾客忠诚的重要因素之一,顾客越满意,重复购买的可能性就越大,顾客忠诚会随着顾客满意度的提高而提高。

2. 顾客服务和支持系统

顾客服务和支持系统包括其外围和支持性的服务,这些服务有助于核心产品的提供,顾客服务质量是影响顾客忠诚度的一个重要因素,无论企业生产什么产品都需要为顾客提供优质的服务及支持系统,服务质量和支持系统的好坏直接影响到顾客对企业产品的印象。服务是顾客满意和愉悦的基础,但仅仅提供满意服务不一定必然形成忠诚,而超值的服务不仅产生满意并且产生愉悦,会驱动顾客形成忠诚感。

3. 品牌形象

面对日益繁荣的商品市场,顾客开始倾向于商品的品牌选择,且具有偏好差异性。品牌偏好的形成,取决于企业在顾客心目中的形象,良好的形象会对企业的产品或服务产生巨大的支持作用,赋予产品较高的价值,从而带给顾客精神上和心理上的满足感、信任感,使顾客获得更高层次和最大程度的满足,这对提高顾客忠诚度是十分有利的。

4. 价格水平

顾客总是将价格与价值进行对比,以保证自己在一定的支出水平上得到最大的价值,在顾客所得到的产品和服务不变的条件下,低价格的承诺是很有吸引力的。企业应根据顾客的期望提供合理的价格,使顾客通过付出与所得的比较获得最大满足,这样他们才会重复购买,成为企业的忠诚顾客。

5. 顾客情感因素

从顾客调查中获得的很多数据都说明,相当一部分顾客的满意度与核心产品或服务的质量并没有太大关系，顾客的情感也是影响顾客忠诚的重要因素。顾客可能对产品质量、服务水平及性价比都很满意，但因为一些主观或客观的外在因素的影响，使顾客产生不好的感觉，从而使企业失去该顾客。

（三）顾客忠诚的培养和提高

随着市场竞争的日益加剧，顾客忠诚已成为影响企业长期利润高低的决定性因素。以顾客忠诚为标志的市场份额，比以顾客多少来衡量的市场份额更有意义，企业管理者将营销管理的重点转向提高顾客忠诚度方面来，以使企业在激烈的竞争中获得关键性的竞争优势。

第一，建立顾客数据库。顾客数据库应具备顾客管理和查询系统，记录顾客购买行为。企业运用顾客数据库，可以使每一个服务人员在为顾客提供产品和服务的时候，明了顾客的偏好和习惯购买行为，从而提供更具针对性的个性化服务。

第二，识别企业的核心顾客。企业的实践证明，企业利润的80％来自其20％的顾客。只有与核心顾客建立关系，企业稀缺的营销资源才会得到最有效的配置和利用，从而明显地提高企业的获利能力。

第三，超越顾客期望，提高顾客满意度。顾客的期望是指顾客希望企业提供的产品和服务能满足其需要的水平，达到了这一期望，顾客会感到满意，否则，顾客就会不满。所谓超越顾客期望，是指企业不仅能够达到顾客的期望，而且还能提供更完美、更关心顾客的产品和服务，超过顾客预期的要求，使之得到意想不到的，甚至感到惊喜的服务和好处，获得更高层次上的满足，从而对企业产生一种情感上的满意，发展成稳定的忠诚顾客群。

第四，正确对待顾客投诉。要与顾客建立长期的相互信任的伙伴关系，就要善于处理顾客抱怨。有些企业的员工在顾客投诉时常常表现出不耐烦、不欢迎，甚至流露出一种反感，其实这是一种非常危险的做法，往往会使企业丧失宝贵的顾客资源。

第五，提高内部服务质量，重视员工忠诚的培养。顾客保持率与员工保持率是相互促进的。这是因为企业为顾客提供的产品和服务都是由内部员工完成的，他们的行为及行为结果是顾客评价服务质量的直接来源。一个忠诚的员工会主动关心顾客，热心为顾客提供服务，并为顾客问题得到解决感到高兴。

第六，加强退出管理，减少顾客流失。退出指顾客不再购买企业的产品或服务，终止与企业的业务关系。正确的做法是及时做好顾客的退出管理工作，认真分析顾客退出的原因，总结经验教训，利用这些信息改进产品和服务，最终与这些顾客重新建立起正常的业务关系。分析顾客退出的原因，是一项非常复杂的工作，顾客退出可能是单一因素引起的，也可能是多种因素共同作用的结果。

第七，塑造良好的品牌形象。品牌是成功企业赢得消费者忠诚的重要武器，顾客对品牌的忠诚度不仅仅是出于对产品使用价值的需要，还带有强烈的感情色彩，只有塑造出良好的品牌形象，在顾客心中留下美好的形象，他们才会对该产品产生忠诚。

第三节　顾客关系管理

一、顾客关系管理的内涵和功能

（一）顾客关系管理的内涵

顾客关系管理（Customer Relationship Management，CRM）概念最初在 1993 年由美国高德纳公司提出来："客户关系管理是为增进赢利、收入和提升顾客满意度而设计的企业范围的商业战略"，高德纳咨询公司强调顾客关系管理是一种商业战略而不是一套系统，它涉及的范围是整个企业而不是一个部门，它的战略目标是增进赢利、销售收入和提升顾客满意度。高德纳咨询公司认为，所谓顾客关系管理就是为企业提供全方位的管理视角，赋予企业更完善的顾客交流能力，使企业的收益率最大化。

IBM 公司把顾客关系管理分为三类：关系管理、流程管理和接入管理，涉及企业识别、挑选、获取、保留和发展顾客的整个商业过程。关系管理使用数据挖掘技术或数据仓库分析顾客行为、期望、需要、历史，并具有全面的顾客观念和顾客忠诚度衡量标准和条件。流程管理是与销售、服务、支持和市场相关的业务流程的自动化管理。接入管理主要是用来管理顾客和企业进行交互的方式，如计算机电话集成、电子邮件响应管理系统等，包括行政管理、服务水平管理和资源分配功能。顾客关系管理成功实施的关键是业务流程必须灵活，要能随着商业条件和竞争压力的变化做出相应的改变。

对顾客关系管理的定义，目前还没有一个统一的表述，但就其功能来看，顾客关系管理是通过采用信息技术使企业市场营销、销售管理、顾客服务和支持等经营流程信息化，实现顾客资源有效利用的管理系统；其核心思想是以顾客为中心，提高顾客满意度，改善顾客关系，提高企业竞争力。

（二）顾客关系管理的目的和功能

作为企业发展战略，顾客关系管理的目的是提高企业的核心竞争力，维持顾客忠诚度和终生价值，提高企业的盈利能力，具体来看，顾客关系管理的目的主要体现在以下三个方面。

第一，挖掘关键顾客。根据“80/20”法则，一个企业80%的业绩来自20%的关键顾客，因此企业通过整理分析顾客的历次交易资料，找出那些关键顾客，然后通过各种营销手段提高顾客对企业的第一印象，强化企业与顾客的关系，以提升顾客再次光临的次数和购买数量，增加企业盈利。

第二，留住现有顾客。根据研究，吸引一个新顾客所花费的成本大约是维持一个老顾客的五倍。而顾客关系管理可以利用信息技术，将生产、营销物流和客户服务等加以整合，以精确快速的方式回应顾客需求，为顾客提供量身定做的服务，提高原有顾客的忠诚度。

第三，放弃回报低的顾客。当在顾客身上的投资得不到应有回报时，企业就应该把他列入放弃名单中并去开发新顾客，而放弃的顾客的数据必须从平时所做的顾客关系管理数据库中区分出来。例如，某顾客已经很长时间没有上门消费了，那么在寄发产品促销宣传单时，就可以考虑不再寄给他，以免浪费企业资源。

随着市场竞争的愈演愈烈，传统的企业管理系统越来越难以胜任动态的顾客渠道和关系的管理，现代顾客关系管理给企业带来经营管理方式上的重大变革。与传统的管理模式相比较，实施顾客关系管理的企业优势更为突出。

第一，识别目标市场。实施顾客关系管理，企业可以更好地识别目标市场。对任何企业而言，其目标市场都是由不同类型的顾客组成的，按照构成比例可以将顾客划分为主顾客、大顾客、普通顾客、小顾客四大类型。按照“80/20”法则，不同类型的顾客给企业带来的利润不同，企业区分不同价值的顾客以后，可以和顾客建立不同的关系。

第二，顾客关系管理系统化。在企业传统的管理模式下，顾客管理通常是分散的，没有一个部门可以掌握顾客信息的全貌，也无法提供企业与顾客之间的完整信息。各个部门信息沟通不协调，存在障碍，企业各部门顾客信息的零散分割，导致顾客服务质量下降。顾客关系管理的首要作用就是打破各部门信息封锁的壁垒，借助于顾客关系管理系统，整合原本属于各部门分散管理的顾客信息，让他们通过现代信息技术和顾客关系管理系统统一集成为一个信息中心。

第三，增强企业的赢利能力。企业根据顾客的特殊需求来相应调整自己的经营策略，使得企业与每一个顾客，尤其是那些对企业最具价值的金牌顾客建立一种伙伴型的关系，满足顾客的需求。企业通过实施顾客关系管理，一方面，可以降低自身的运作成本，提高运作效率；另一方面，可以给予顾客更多的关怀，提高顾客的满意度，维持老顾客，并且在发展新顾客的过程中充分发挥老顾客的口碑作用，使企业的顾客群体日益壮大，从而相对降低企业营销成本，最终实现利润最大化。

第四，提高企业的核心竞争力。顾客关系管理所起的作用不是多发展几个新顾客，而是多留住几个老顾客。它的独特之处在于，通过实现前端的供应商伙伴关系管理和后端的顾客服务，使企业与其上游供应商和下游顾客之间能够形成多方面的良性互动；在发展和维持顾客的同时，与业务伙伴和供应商建立良好的关系，最大限度地挖掘和协调利用企业资源，包括信息资源、顾客资源、生产资源和人力资源，拓展企业的生存和发展空间，提升企业的核心竞争力。

二、顾客关系的建立与维系

（一）顾客关系的含义及特征

关系是指人和人或人和事物之间的某种性质的联系。顾客关系的简单表述是，关系发生在人和人之间，具有行为和感觉两种特性，关系的好坏是人的一种专管判断，关系的双方受到某种约束，如果终止这种关系就会发生成本。

顾客关系不是单次的交易，而是与过去的交易及未来可能的交易持续联系在一起时产生的。顾客关系是存在于企业与顾客之间的，是与独立交易相区别的，是企业与顾客之间交易状态的集合。顾客关系一方面作为静止的状态，反映的是企业持续关系管理的结果，是企业与顾客之间交易关系与合作关系等各种关系的连续统一体；另一方面作为动态的过程，反映的是企业与顾客之间从交易关系到合作关系的发展历程。

顾客关系是企业与顾客共同构成的利益共同体，按特定的方式组合，共同创造和分享价值。顾客关系的价值体现在交易成本和风险的减少及效益的提高上。并不是所有的顾客与企业之间的互动活动都能称为顾客关系，将这些互动活动转化为顾客关系必须具有信任和价值两个关系要素。

信任，信任是从过去的经历和行为中发展来的，认为合作者具备信任感和可靠性，愿意自己去冒险，信任被认为是顾客关系的关键因素，它对减少机会主义行为、更好地整合及减少正式契约是有效率的。与信任相似，承诺被认为是成功的长期关系的重要组成部分，承诺被定义为一个维持有价值关系的渴望。顾客关系形成的关键在于信任的形成，承诺是信任的行为结果。顾客关系的形成是建立在相互信任的基础之上的，相互信任的程度不同则形成不同层次的顾客关系。

价值，顾客关系能够带来价值，而基于信任的合作关系可以实现双方价值的最大化。关系主体对关系对象能带来令自己满意的价值深信不疑，进而愿意建立或提高关系层级，所以构成顾客关系的基本要素是信任，产生的根源是价值。价值是关系建立的基础，也是顾客关系发展的驱动力与目的。对于关系双方而言，顾客关系建立与发展信任，使关系双方产生了共同的价值观、共同的目标。

企业只有真正认识顾客关系的特征，才能建立和维护长期、优质的顾客关系，从顾客关系的定理可以看出，顾客关系具有以下五个特征：第一，持续性。持续性是顾客关系最基本的特征，关系是个动态连续的过程，每一次互动都存在潜在改变现有关系的可能。第二，排他性。顾客关系对于企业与顾客交易双方而言都具有或多或少的约束力或吸引力，所以这种关系具有一定的排他性特征。第三，相互依赖性。相互依赖性是影响长期关系导向的重要因素，依赖程度越强，感情越深厚，越会产生继续合作的意愿，从而维持双方的合作关系。第四，互动性。从行为层面看，顾客关系客观上表现出来的是企业与顾客之间的互动联系过程，这种互动既可能是重复的交易行为，也可能是双方之间的信息交流过程。第五，价值性。关系的建立与维系在于它为双方提供利益，使双方都得到各自所需的价值。

（二）顾客关系的精髓

企业开展关系营销并发展为顾客关系管理的过程中，可以把企业与顾客建立顾客关系的过程简化为建立关系—维系关系—增进关系。

1. 建立关系——吸引顾客

企业要建立顾客关系,首先要端正对顾客关系的理解,然后要对顾客关系进行初步的确认,从哪里着手去建立顾客关系,也就是顾客关系定位。企业要端正对顾客关系的理解,就要明确企业的顾客关系涉及哪些因素。企业的顾客关系从对应的主体来讲,涉及企业的内部顾客和外部顾客。从对应的内容上讲,则涉及与顾客的接触、联络、交流、反馈、合作、评估和调整七个直接的方面,及测量统计、需求挖掘和联动顾客三个间接的方面。企业不仅要满足外部顾客的需求,而且还要满足内部顾客的需求,才能使企业的价值链顺畅。

白鲸(White Whale)公司提出了顾客关系定位的"四步法",被视为开展顾客关系定位的一种有效的方法。其步骤是:第一,准确识别客户。通过分析来自于内部账目、顾客服务部门和顾客数据库的顾客记录来了解顾客群,获得顾客真实、具体、详细的身份,以便开展下一步的交流和互动。第二,区分顾客群中不同的顾客。衡量顾客对企业的价值标准要看顾客对企业的价值,对企业价值最大的顾客被称为最具有价值的顾客,对企业的价值仅次于最具有价值的顾客被称为最具成长性的顾客,还有一类被称为低于零点的顾客,对企业来说存在负面价值。第三,与有价值的顾客发展"一对一"的互动营销。企业对于不同的顾客要区别对待,通过让最有价值顾客参与产品的开发和生产流程设计,让他们知道企业是按照他们的需要提供产品的。对于最具成长性的顾客,企业在一定范围内提供个性化的服务,促使其成长为最有价值的顾客;对于低于零点的顾客,企业提高价格,使这批顾客变为有价值的顾客,或者让其转向购买竞争对手的产品。第四,提供个性化的产品和服务。企业采取措施,最快、最准确地发现顾客的真正需求,并致力于满足顾客的这种需求,提供个性化的服务,提高顾客的满意度,培育顾客对企业的忠诚度。

2. 维系关系——留住顾客

真正的顾客关系可以用CCPR(Convenient,便利;Care,亲切;Personalized,个性化;Real time,立即反应)来描述。企业只有做到CCPR,才能更好地维系顾客关系,才能留住顾客。研究结果显示:企业获取一个新顾客的成本,是留住一个老顾客的五倍，因此对于企业来说，留住老顾客，预防老顾客流失，无异于给企业带来了相当可观的收益。

顾客流失的原因是多种多样的，总结起来可以归纳为两个方面，企业原因和顾客原因。企业原因主要包括产品质量问题、服务质量欠佳、企业创新不足、市场监控欠缺及员工引起的顾客流失五部分。市场监控是指企业对商品在流通领域的监管，如价格、营销等方面。企业因内部员工流失而引起顾客流失，这方面原因在中小企业中尤为突出，受到企业规模、管理方法等方面因素的影响，企业与顾客之间的忠诚关系往往容易变成企业员工与顾客之间的忠诚关系。顾客原因包括顾客遇到新的诱惑、顾客要求得不到满足及顾客内在需求发生变化等。

找到顾客流失的原因只是有效处理顾客管理的第一步，企业还应结合自身状况对症下药，一般而言，企业在防止顾客流失策略方面主要有以下几个方面：第一，实施全面质量管理，做好质量营销。实施全面质量管理，能有效地控制影响质量的各个环节、各个因素，是企业制造优良产品和服务的关键。第二，树立“顾客至上”的服务意识。对于任何行业、任何经营销售者来说，树立“顾客至上”的服务意识是建立长期合作的前提，是企业服务于顾客的最基本动力。第三，强化与顾客的沟通。只有加强与顾客间的沟通，企业才能了解顾客的真实需求，了解顾客对企业产品质量和服务质量的看法，了解顾客对企业有哪些意见，妥善解决顾客的投诉和抱怨。第四，增加顾客的经营价值，降低顾客的经营成本。在市场竞争中，企业为战胜对手、吸引更多的顾客，必须向顾客提供比竞争对手具有更多顾客让渡价值的产品，这样才能提高顾客的满意度。第五，做好创新。企业的产品一旦不能根据市场变化做出创新和调整，就会落后于同类产品的市场，而顾客意见是企业创新的源泉。第六，善于倾听顾客的意见和建议。企业与顾客之间是一种平等的交易关系，在双方获利的同时，企业还应该尊重顾客，认真对待顾客提出的各种意见及报怨，并真正重视起来，才能得到有效的改进。

3. 增进关系——升级顾客

企业通过市场细分，认识了与顾客在现阶段的关系之后，就要想办法提升顾客关系。提升顾客关系的过程，实际上是一个不断增加顾客价值的过程。企业的最终目标应该是通过持续改进顾客关系，促进顾客升级而建立长期的可赢利的双赢关系，实现顾客关系价值链的良性循环。

持续改进顾客关系可以借助“PDCA”循环法来完成。“PDCA”循环又被称为“戴明环”，是质量管理专家威廉·戴明首先提出来的，具体包括四个阶段。Plan（计划）：分析现状，确定工作目标和计划，制定实现目标的方法；Do（执行）：在明确了工作目标和实施步骤的情况下执行方案和计划；Check（检查）：检查计划实际执行的效果，比较和目标的差距；Action（处理）：总结成功的经验，并予以标准化以巩固成绩，对于没有解决的问题，查明原因，进入下一个阶段的PDCA循环。“PDCA”在客户关系管理中不断循环的结果就是企业顾客关系水平不断提高，实现顾客关系与企业价值链的良性循环。

当今时代是个性化需求的时代，顾客关系管理强调的是关系营销、一对一营销，并使企业借助科学的管理方法促进顾客升级，与顾客保持长期的合作关系。

三、CRM系统

（一）CRM系统内涵

CRM是一种旨在改善企业与顾客之间关系的管理机制。CRM系统以最新的信息技术作为手段，运用先进的管理思想，通过业务流程与组织上的深度变革，帮助企业最终实现以顾客为中心的管理模式。CRM系统作为新一代的顾客资源管理系统，将企业的销售、市场和服务等部门整合起来，有效地把各个渠道传来的顾客信息集中在一个数据中。

CRM的基本构成包括销售管理系统、营销管理系统、顾客服务系统和呼叫中心四部分。销售管理系统帮助公司实施以顾客需求为中心的销售过程，以提高销售活动的效率，并建立、维持和加强与顾客的长期合作关系。营销管理系统帮助公司调查市场情况，整理、分析宏观和微观市场信息，制订并实行营销计划。顾客服务系统用于实现自动化顾客服务和对服务的信息搜集、整理和分析。呼叫中心可以被认为是一个集中处理服务要求和回复的场所。四个部分看起来似乎各自独立，但其实是通过统一的信息数据库集成在一起的，即通过提供标准化的浏览器和顾客互动程序，可以调用企业后端的信息数据，进而加工整理分析这些信息数据。数据库所涉及的数据内容应该分为企业内部和外部两大类，包括顾客基本资料销售业绩服务项目和情况、订单顾客新需求等随时变化的信息。

CRM有以下基本特征：第一，完整的有机系统。包括管理理念、企业与顾客关系的管理体制、体现理念和体制的软件技术三者的统一。第二,以提高顾客的满意度为核心。CRM 以个性化的顾客分析和服务来使顾客满意。第三,充分利用现代的信息技术。一套完整的 CRM 组件不仅包括使用软件技术,还利用电话、传真、互联网、无线接入等多种交流渠道进行高度集成,同时还包括人工智能、专家系统和多媒体技术的使用。第四,企业员工的共同参与。成功实施 CRM 不仅需要企业营销人员的参与,还要求技术、采购、生产、财务等方面人员的共同参与。第五,有利于电子商务的发展。CRM 强调企业与顾客的"一对一"的信息交流,实现企业为顾客的量身定制,为电子商务利用互联网技术奠定了基础。

(二)企业实施 CRM 的步骤

CRM 系统可以帮助企业实现销售、营销和客户服务等业务环节的自动化,并对这些环节进行管理和有效的整合。要成功实施 CRM,必须遵循科学的步骤。

1. 拟定 CRM 战略目标

CRM 系统的实施必须要有明确的远景规划和近期实现目标。在确立目标的过程中,企业必须清楚建立 CRM 系统的初衷是什么,是由于市场上的竞争对手采用了有效的 CRM 管理手段,还是为了加强顾客服务的能力。企业还要考虑这一目标是否符合企业的长远发展计划,是否已得到企业内部各层人员的认同,并为这一目标做好相应的准备。

2. 确定阶段目标和实施路线

CRM 作为一项复杂的系统工程,必须根据企业目前的实际需求及实施能力,确定分阶段的工作实施目标。在尽可能完成全面规划的同时,更要注重将总目标进行分解,保证每个阶段的工作符合当时企业的实施能力与实际需求,做到阶段实施、阶段突破,才能保证 CRM 工作能够长久顺利的开展。

3. 分析组织结构

在"以顾客为中心"这一根本原则指导下,企业需要确定增加哪些机构、合并哪些机构,然后再与顾客共同分析每个组织单位的业务流程。

4. 设计顾客关系管理架构

CRM功能的实现需要企业结合自身的业务流程细化为不同的功能模块，然后设计相应的CRM架构，包括确定要选用哪些软硬件产品，这些产品要有哪些功能。

5. 评估实施效果

实施的效果可以从是否帮助企业实现了管理理念、结构、过程的转变，是否实现了企业业务往来的渠道畅通有序，能否对市场活动进行新的规划和评估，能否拥有对市场活动的分析等几方面来衡量。

第四节　顾客数据库和大数据营销

一、顾客数据库

（一）顾客数据库内涵及分类

顾客数据库（Customer Database）是企业对所有重要顾客信息的记录，包括姓名、性别、出生日期、爱好、通信地址、电话号码、客户来源、购买经历、历史联系记录等。顾客数据库收集的资料有助于今后实现利润、资格认证、产品和服务销售、客户关系维持等营销目标，是一个有组织的收集关于个人或预期顾客的综合性信息集合。一个完整的顾客数据库实际上就是整个市场的缩影。

企业要在竞争激烈的商场上占据一席之地，必须以顾客为中心展开工作，以保持与顾客之间长期稳定的互动关系为建立顾客数据库的指导思想，必须经常站在顾客的立场上考虑问题，及时了解顾客需求的变化，并依照消费者价值观念来设计、生产、定位产品。如果能有效地利用数据库技术，根据顾客的消费习惯、购买偏好、心理特征等有效数据对顾客市场进行细分并对潜在顾客市场进行预测，便可实现新老顾客兼顾的目的，在提供优质产品的同时提供优良服务。

按照不同的分类方法，顾客数据库有不同的分类。

第一，依据顾客对交易的态度。依据顾客对交易的态度可以分为积极顾客数据库和不积极顾客数据库。确认积极的顾客群体可以帮助企业找出某种产品的目标消费者，以便企业将营销活动的重点放在最有可能获利的顾客身上。不积极顾客是指那些曾经购买或咨询过本企业的产品，但一段时间内没有购买行为的消费者，在不积极顾客数据库中应该包括的内容有客户没有购买行为的时间、以前购买行为的具体情况，如时间长度、消费模式等及在对本企业消极购买期间对其他企业的产品的购买行为，企业可以通过分析这些信息，并采取针对性的营销策略，重新调动这些顾客的购买积极性。

第二，依据数据库资料来源。依据数据库资料来源可以分为自有资料数据库和外部资料数据库。自有资料数据库是企业对以往有交易往来的顾客资料进行有效、持续地收集、整编而成的。外部资料数据库是企业从外界获得的顾客资料，企业可以从专门的名单企业、政府部门、行业协会、相关的企业、外部数据库等购买相关数据，利用各种目录和黄页、商业杂志订阅者名单、在线数据库等，也可以与竞争企业结成同盟互享对方的信息。

此外，依据顾客资料的内容可以分为上文提及的基本资料数据库、交易资料数据库和促销资料数据库等。

（二）顾客数据库建立和数据库营销

1. 数据库建立原则

建立顾客数据库的途径比较多元化，购买、促销、网络搜索、网络营销推广、售后咨询电话、研讨会、讲座、科普报告等公关活动都可以整理收集顾客信息。但总的来说，顾客数据库建立应遵循以下原则。

第一，尽可能完整地保存顾客资料。现在的数据库具有非常强大的处理能力，但是无论怎样处理，原始数据总是最宝贵的。有了完整的原始数据，随时都可以通过再次加工，获得需要的结果。但如果原始数据缺失严重，数据处理后的结果也将失去准确性和指导意义。

第二，区分经营过程中与通过其他渠道获得的顾客资料。企业内部资料主要是一些销售记录、顾客购买活动的记录及促销等市场活动中获得的直接顾客资料，这些资料具有很高的价值。具体表现在这些资料具有极大的真实性，其次是这些资料是企业产品的直接消费者,对公司经营的产品已经产生了理性的认识。外部数据是指企业从数据调查公司、政府机构、行业协会、信息中心等机构获得的数据,这些数据最重要的特征是其中记载的顾客是企业的潜在消费者,是企业展开营销活动的对象,但这些数据真实性较差、数据过时、不能回答企业要求的问题,需要在应用过程中不断地修改和更正。

第三,确保数据库管理的安全性。企业应确保记录在计算机系统中的数据库安全地运行,如果这些数据意外损失或者外流,将给企业造成难以估量的损失。因此,需要加强安全管理,建立数据库专人管理和维护的机制。

第四,随时更新与维护。数据库中的数据是死的,而顾客是动态的,因此,顾客的信息资料也应该是动态的。企业要想充分享受数据库带来的利益,一定要尽可能地完成顾客资料的随时更新,将新鲜的数据录入到数据库中,这样才有意义。

2. 数据库营销

数据库营销(Database Marketing)就是企业通过搜集和整理消费者的信息,预测消费者有多大可能去购买某种产品,同时利用这些信息给产品以精确定位,有针对性地制定营销策略以达到说服消费者购买产品的目的。

顾客数据库建立后,企业的产品方向、产品开发都可以以这个顾客数据为中心形成决策基础。一旦营销人员对数据库中所有消费对象、购买频率、消费金额的资料进行研究、细分后发现共性和有针对性的东西,就能够及时调整企业宣传定位和营销策略上的偏差,从中分辨自己的最佳顾客,确定他们对本企业的价值,认清他们的需求和购买行为,然后计算出顾客对企业的终身价值。

数据库营销的成功案例不胜枚举,"啤酒和尿布"的故事就是比较典型的一个。大多数人都觉得啤酒和尿布没有联系,但是,沃尔玛却成功实施过啤酒与尿布的捆绑促销。沃尔玛利用网络信息技术,建立了顾客关系管理系统,通过准确的数据统计和分析发现,来商店买啤酒的顾客常常也买尿布,而来买尿布的顾客也买啤酒,调查发现,原来美国的妇女通常在家照顾孩子,所以她们经常会嘱咐丈夫在下班回家的路上为孩子买尿布,而丈夫在买尿布的同时又会顺手购买自己爱喝的啤酒,因此沃尔玛打破常规,大胆地将啤酒和尿布陈列在一起,结果两者的销量都大大增加了。

二、大数据时代及大数据营销

(一)大数据时代

对于“大数据”(Big Data),高德纳研究机构给出了这样的定义:“大数据”是需要新处理模式才能具有更强的决策力、洞察发现力和流程优化能力来适应海量、高增长率和多样化的信息资产。麦肯锡全球研究所给出的定义是:一种规模大到在获取、存储、管理、分析方面大大超出了传统数据库软件工具能力范围的数据集合。

一般认为,大数据主要具有以下四个方面的特征:第一,规模性。大数据的特征首先就体现为数量大,存储单位从过去的GB到TB,直到FB、EB,随着信息技术的高速发展,信息量开始爆发性增长。第二,多样性。数据类型繁多,包括网络日志、视频、图片、地理位置信息等,多类型的数据对数据的处理能力提出了更高的要求。第三,高速性。与以往的档案、广播、报纸等传统数据载体不同,大数据的交换和传播是通过互联网、云计算等方式实现的,远比传统媒介的信息交换和传播速度快捷,大数据对处理数据的响应速度有更严格的要求。第四,价值密度低。随着互联网的广泛应用,信息感知无处不在,但海量信息中有价值的信息所占比例很小。如何通过强大的计算机算法更迅速地完成数据价值的“提纯”,是大数据时代亟待解决的问题。

大数据并不在“大”,而在于“有用”,价值含量、挖掘成本比数量更为重要。对于很多行业而言,如何利用这些大规模数据是赢得竞争的关键。也就是说,大数据技术的战略意义不在于掌握庞大的数据信息,而在于对这些含有意义的数据进行专业化处理。如果把大数据比作一种产业,那么这种产业实现赢利的关键,在于提高对数据的加工能力,通过加工实现数据的增值。

(二)大数据营销

大数据营销是基于多平台的大量数据,依托大数据技术的基础上,应用于互联网广告行业的营销方式。依托多平台的大数据采集,可以帮助企业以前所未有的速度收集用户的海量行为数据,而在大数据的基础上分析、洞察和预测消费者的偏好，可以使企业据此为消费者提供最能满足他们需求的产品、信息和服务，及传递准确的广告信息给他们，给品牌企业带来更高的投资回报率。

大数据营销具有以下特点：第一，多平台化数据采集：大数据的数据来源通常是多样化的，多平台化的数据采集能使企业对用户行为的刻画更加全面而准确。第二，强调时效性：大数据时代，用户的消费行为和购买方式极易在短的时间内发生变化，在用户需求点最高时及时进行营销非常重要。第三，个性化营销：大数据时代，广告主的营销理念已从"媒体导向"向"受众导向"转变。大数据技术可以做到当不同用户关注同一媒体的相同界面时，广告内容有所不同，大数据营销实现了对用户的个性化营销。第四，性价比高：和传统广告一半的广告费被浪费掉相比，大数据营销在最大程度上，让广告主的投放做到有的放矢，并可根据实时性的效果反馈，及时对投放策略进行调整。第五，关联性：由于大数据在采集过程中可快速得知目标受众目前关注的内容，及可知晓目前网民身在何处，这些有价信息可让广告的投放过程产生前所未有的关联性，即网民所看到的上一条广告可与下一条广告进行深度互动。

随着大数据时代的到来，信息的传递越来越便捷，与此同时，企业除了要加强信息处理的技术，更要加强信息甄别的能力。大数据带来了大量数据，也加大了数据的混乱程度，数据中包含了很多的实用信息，同时也掺杂了虚假信息。一方面，大数据希望收集到更多消费者的消费行为数据，当然也包括消费者的性别、生日、联系方式等个人隐私信息；另一方面，消费者并不希望这些信息被存储，可能会提供虚假伪造信息，这样会造成大数据冗余和缺失，阻碍大数据健康发展。如何选择并保证数据的完整性与客观性，保证基于数据预测的正确性，是大数据时代急需解决的问题。

随着计算机技术、网络技术及其他高科技的发展，使得社会中传统的犯罪及不道德行为更加隐秘和难以控制。一些不法分子很可能截获网络传输过程中的信息，或通过对信息流量和流向、通信频度和长度等参数的分析，推断出有用信息，并对这些信息加以利用。有了这样的前例，消费者可能会拒绝透露自己的相关信息，这样使得营销人员很难获取消费者的真实信息，无法分析出消费者的特征及行为模式，将不利于正常营销活动的开展。

总的来说，大数据营销既是机遇也是挑战，企业在大数据时代为了获得领先优势，必须转换思维，变革营销模式，充分有效地利用大数据，挖掘其中蕴含的附加价值，力求在瞬息万变的全球化经济环境中获得竞争优势。

（三）大数据营销技巧

大数据营销成为了移动互联网浪潮中企业制胜的必备武器，企业只有做好大数据分析，才能做好大数据营销。企业在分析大数据时务必掌握三大技巧，即获取数据的渠道、处理数据的工具、把握大数据营销时机。

1. 获取数据的渠道

在找数据之前，要确定找哪方面的数据，如果要找销售数据，可以从 CRM 系统中导出；如果要找竞争对手的数据，可以从第三方公司购买；如果要找用户体验的数据，可以与用户交流获取等。经过研究与实践，总结获取数据的有效渠道，主要有以下四种。

第一，与运营商合作，如中国移动、中国联通、中国电信等。运营商在用户使用手机网络时，可以获取用户多各方面的数据，如手机号码、地理位置、使用的操作系统等，这些数据能实现企业大数据精准营销，让企业获得更多用户。企业能否获得更多、更有价值的数据，则取决于企业与运营商合作的密切程度。

第二，布局移动互联网入口的软硬件，如手机本身、苹果的 iOS 操作系统、谷歌的 Android 系统、无线路由器、收集 App 等。这些软硬件布局的范围有限，只存在于移动互联网的某一领域、某一层面，获取数据的广度和深度有限，于是企业通过层层布局，来获得更广泛、更有深度的数据。

第三，购买各移动互联网大佬的数据，如腾讯、阿里巴巴、百度等。企业向移动互联网大佬们购买数据，可以方便快捷地获得自己需要的数据，但这些数据大多经过二次加工，不能确保真实性，企业仍需建立数据库，积累数据。

第四，在个移动互联网或者 App 中嵌入能执行附带请求信息的元素。此类获取信息较为零碎，收集困难，信噪较大，布局困难，但实现相对比较容易。

2. 分析数据的工具

收集到的原始数据纷繁复杂，要想获取有效信息，需要对大数据进行分析，合适的分析工具能帮助我们更好地处理数据，方便快捷地得到数据中的商业价值。

3. 把握大数据营销的时机

企业把握住大数据营销的时机，就能获得良好的用户购买效果。如婴幼儿用品公司根据用户浏览商品的种类、时间，从而判断用户何时需要孕妇产品、何时需要婴儿用品、何时需要儿童用品，并向用户适时推荐。企业掌握大数据的营销时机，实现了精准营销，并且为自己培养了一批忠实的用户。

企业想要把握大数据营销和时机，需要注意两个要点：第一，太早或者太晚都不合适，数据积累到一定阶段才恰到好处，只有企业掌握更全面的用户数据，才能准确判断用户何时需要购买企业的产品，才能捕捉到营销的最佳时机。第二，企业在营销过程中，分析用户大数据，找准用户需求，并与社会热点时间相关联，展开大数据营销，不仅能吸引许多用户，更能增加产品企业曝光率和知名度，获得超出预期的营销效果。

三、大数据精准营销

大数据时代所带来的最大变革正是营销变革，个性化的消费需求需要企业采用新型的营销管理模式，而这样的营销模式，其实正是精准营销。随着大数据时代的到来，精准营销快速崛起并走向爆发。

所谓精准营销，就是在精准定位的基础上，企业依托互联网、大数据及信息技术手段，建立起一套个性化的消费者沟通服务体系，实现企业可度量的低成本扩张之路，是大数据时代新型营销理念的核心观点之一。具体而言，精准营销就是公司需要实行更精确、可衡量和高投资回报的营销沟通，需要建立更注重结果和行动的营销传播计划，还有越来越注重对直接销售沟通的投资。

总的来说，企业要想直达消费者内心，实现精准营销，要构建属于自己的数据后台，通过数据挖掘消费者的需求和特点，从而制定出合适的营销决策，给消费者人性化、智能化的服务体验。但每个行业、每家企业都有自己的特点，要精准营销就不能一概而论，要结合自身的资源和特点制定属于自己的营销策略。接下来以服装行业为例，分析企业如何进行精准营销。

（一）挖掘消费者数据

如今，消费者的需求日益多样化、个性化，市场要求厂商更进一步地了解消费者，甚至给消费者量身定制衣服。面对这些变化，粗放式经营已跟不上形势，必须靠数据来衡量和预测消费者对衣服的需求，必须全方位、多角度地搜集和分析消费者的需求信息，从而制定出好的营销策略。

第一，挖掘消费者的喜好数据。电商网站是获取消费者喜好数据最便利的平台，从消费者的搜索记录、浏览记录、购买记录等都可以得到消费者的喜好数据。因此，淘宝、京东、唯品会等电商平台在获取消费者喜好方面有着非常大的优势，很多厂商也都积极开通自己的电商网站或选择入驻电商平台。

第二，挖掘消费者的身材数据。消费者的身材数据，直接影响着厂家的生产和商家的销售。不同高矮胖瘦的人，对衣服的尺寸要求是不同的，即使同一身高的人，也分瘦小、标准、健壮等体型，衣服尺寸也是不一样的。商家若能随时掌控消费者的身材数据，如消费者想穿什么样的衣服、适合穿什么样的衣服、身材变化等，自然能提高服装销量。第三，挖掘消费者年龄数据。每一个消费者在不同的年龄段，对衣服的尺寸、款式、颜色等需求是不一样的，商家在收集消费者数据时，要持续跟进。

第四，挖掘消费潮流数据。消费者的喜好很大程度上受社会潮流的影响。例如，某段时间内热播某部电视剧，这部电视剧中主角的着装很可能就会成为潮流，例如之前《微微一笑很倾城》热播时，淘宝上出现了很多女主角贝微微的同款服饰。

第五，挖掘节日数据。节假日往往是消费者最喜欢购物、挑选衣服的时节。但节日数据不能仅仅局限于春节、元宵节、劳动节等传统或法定的节假日，也应注意一些网络流行的节日。例如淘宝双十一、双十二的促销，及近几年在大学生中流行起来的女生节。

第六，挖掘地域数据。地域数据在宏观上也能给商家一定指导，例如有些地方冬天比较寒冷，需要棉服、羽绒服，而有些地方四季如春，则不需要这些：再如有的地区的人的身材比较高大健壮，而有的地区，人们身材比较娇小。

（二）App 平台营销

随着智能手机的普及和移动互联网技术的进步，手机已经成为重要的流量入口和营销咨询出口。这几年，服装厂商也积极参与到了手机消费者端营销当中，除了在微信社交平台开设官方账号外，很多有实力的商家开始研发自己的手机

App，希望在收集 App 中打开精准营销的局面。

第一，可以利用手机 App 收集用户需求数据，挖掘其潜在需求。消费者不管是在 App 上查看还是购买衣服，都会留下数据，通过这些数据，商家可以精准地定位消费者的消费趋势、消费档次、消费品位等，并且可以根据大数据分析消费者的潜在需求，根据需求研发和推出新款。

第二，让消费者方便衣服挑选、咨询，通过实施沟通实现精准营销。App 内的类别设置，一定要简单清晰，便于消费者浏览和搜寻，也便于商家记录和分析数据。展示的图片一定要精致美观，能吸引消费者。此外，一定要有能使消费者与商家随时沟通的工具，商家要根据已有信息，采取个性化服务手段，促使消费者进行消费。

第三，提供服饰搭配指导，让手机 App 成为服饰搭配学习、交流的平台。一方面，商家相对于消费者来说，可以提供比较专业的指导；另一方面，平台作为消费者学习交流的集聚地，会给商家增加更多的流量和人气，商家也可以以此获得更多的消费者需求数据。

第四，适时推荐新款，发放优惠券，诱导消费者再次购买。当有新款上架时，商家可以根据后台数据分析，对不同的消费者进行不同的信息推送和提醒，也可以通过发放优惠券来唤醒消费者。

（三）社交平台营销

社交平台借助互联网的发展，能够在短时期内聚集大量的流量，尤其在一些社交媒体平台上，大量的流量可以让商家的商品信息瞬间广为传播。第一，商家要清楚自己的目标消费群体主要聚集在哪里，针对性地在正确的平台把合适的衣服推销给合适的消费者。第二，要善于塑造品牌故事，在社交平台中传播，赢得消费者认同。第三，商家要善于和消费者进行互动，可以适当地制造一些话题，通过活动来吸引消费者参与。第四，要善于借助影视宣传，在社交平台上塑造口碑。

（四）精准营销，提升服务质量

对消费者来说，服务和体验永远是他们最关心的话题，在“量体裁衣”的大数据精准营销时代，商家提升服务质量、给消费者更好体验的空间得到了提升，如何才能利用数据给消费者更好的购物体验，是商家发展的重点。第一，根据收集到的消费者数据信息，给予消费者更加精细化的服务，实现一对一营销；第二，商家可以开发相关软件，并为其提供强大的数据支撑，提供更智能化、人性化的服务；第三，实现服饰租赁，更好地满足消费者的需求；第四，实现在线试穿，让消费者精准选择；第五，尝试网购试穿，如统计寄给消费者几件衣服，在消费者试穿后选取最满意的衣服，可将剩余衣服寄回，消除消费者无法现场试穿的后顾之忧。

总之，任何商家都需要不断提升服务质量，吸引消费者。在大数据时代，巧妙使用数据技术，深度挖掘消费者信息，针对不同消费者进行不同的营销策略，商家才能实现“量体裁衣”的精准营销。

参考文献

[1]黎开莉，文小羽．市场营销实训教程[M]．西安：西北工业大学出版社，2019.

[2]李海燕．汽车市场营销实战[M]．上海：同济大学出版社，2019.

[3]牛永超．市场营销实务[M]．北京：中国商业出版社，2019.

[4]马峰，席俊玲．市场营销基础[M]．北京：光明日报出版社，2019.

[5]多金荣．市场营销学基础[M]．北京：中国商业出版社，2019.

[6]程宇宁．整合营销传播品牌传播的策划、创意与管理[M]．中国人民大学出版社，2019.

[7]原群．旅游规划与策划创新与思辨[M]．北京：旅游教育出版社，2019.

[8]余晓莉．数字品牌营销[M]．北京：科学出版社，2019.

[9]（中国）李金生，李晏墅．“十一五”国家级规划教材市场营销学[M]．3版．北京：高等教育出版社，2019.

[10]孙永生．新时期电力市场营销创新模式与策略研究[M]．天津：天津人民出版社，2019.

[11]洪波，孙伟，鲍婷婷．汽车营销技术[M]．北京：北京理工大学出版社，2019.

[12]叶敏．网络营销实务[M]．重庆：重庆大学出版社，2019.

[13]李丽娜，宁艳，宋清金．战略营销[M]．上海：华东理工大学出版社，2019.

[14]于军，马婧．网络营销[M]．北京：科学出版社，2019.

[15]杨毅玲．网络营销[M]．北京：中国劳动社会保障出版社，2019.

[16]吴波虹．21世纪高职高专规划教材市场营销系列普通高等职业教育“十三五”规划教材市场调查与分析[M]．北京：中国人民大学出版社，2019.